Ana Teresa Toro

Las narices de los perros

San Juan, 2015

Ediciones Callejón

*A mis padres Ramón Toro Dominicci y
Ana Milagros Ortiz Díaz,
mis primeros lectores,
mis cómplices, mi fe,*

mi inspiración toda

© Ana Teresa Toro
© Libros El Navegante, Inc., 2015

© Libros El Navegante, Inc.
bajo el sello Ediciones Callejón

edicionescallejon@yahoo.com

ISBN: 978-1-61505-186-1

Library of Congress Catalog Card Number:
2015953977

Diseño de portada:
Ita Venegas Pérez

Diagramación:
Marcos Pastrana Fuentes

Colección **En fuga** –Ensayos

Datos para catalogación:

Las narices de los perros

Toro, Ana Teresa

Libros El Navegante. 2015. Primera edición.

1. Literatura
2. Crónicas urbanas
3. Puerto Rico
4. Modernidad
5. Identidades

Índice

PRÓLOGO

Las narices de los perros, de Ana Teresa Toro

El gabinete de curiosos

Esta Antología de Ana Teresa Toro es de una riqueza solo posible en una escritora alerta a la sociedad y cultivadora de su propio gran temperamento. Sin estas dos condiciones no hay buen periodismo cultural; se trata de esa curiosidad que impulsa a la crónica, a la narración de lo que pertenece a lo social, pero que, a la vez, incita una particular manera de ver y sentir el entorno. Estamos ante un "yo fuerte" que comenta lo significativo de la sociedad a través de lo personal y autobiográfico. Estos son los dos grande hilos conductores de este magnífico libro.

El buen periodismo cultural es siempre la excepción en nuestro ambiente mediático. Veamos este ejemplo: Ana Teresa desea testimoniar el Premio Rómulo Gallegos 2013 y a su ganador, el escritor puertorriqueño Eduardo Lalo. Dibuja la semblanza de Lalo en el momento en que gana el premio y también un año después. Esta especie de "antes" y "después" ocurre la primera vez en la librería A.C. de Santurce y la segunda en la Avenida Esmeralda. Esto es buen periodismo: se retrata al autor de *Simone* en el momento de la sorpresa y luego durante las consecuencias del éxito. La entrevista, que es un género de gran astucia literaria, se completa con el retrato del escritor y sus fantasmas urbanos.

A veces Ana Teresa se desplaza del reportaje periodístico –la entrevista, la semblanza– hacia el comentario social y

9

cultural. El tema de la "identidad puertorriqueña" atraviesa el libro. Semejante preocupación en una escritora joven de la generación post-postmodernismo resulta algo insólita, ya que muchos escritores de la generación anterior despacharon el tema de la identidad como los pataleos de un dinosaurio que se negó a morir. Ana Teresa asume el reto de esta perenne temática de nuestras letras post-coloniales en la crónica *El día en que cayó nieve en San Juan,* o en la hermosa semblanza a trazos rápidos de don José Luis Martínez, un *flâneur* nonagenario de Plaza las Américas, o el ensayo de comentario cultural titulado *Santa Cló vive en La Cuchilla.* Hay cierta ejemplaridad literaria en estos acercamientos, porque la crónica es justamente ese género literario híbrido, que navega entre el reportaje, el artículo o el ensayo, la narración del evento significativo y la reflexión sobre el sentido humano y social del mismo. Estas reflexiones también recalan en los comentarios de otros escritores y estudiosos que han cubierto el mismo territorio. Precisamente, la reflexión de Ana Teresa no pretende ser solipsista, a una sola voz, sino dialógica, por lo que su escritura se convierte en el lugar de encuentro de muchas voces.

Sin un "yo fuerte", sin ese temperamento que seduzca o irrite al lector, no hay buena crónica. Ana Teresa es una cronista que seduce. En la sección *Hombres* vemos buen ejemplo de esto. Nos cuenta –más bien alude– al video de Calle 13 en que René quema su Maserati. Ello es motivo para una hermosa indagación en la masculinidad, es decir, ¿por qué esa fascinación de los hombres por sus autos de ensueño? Entonces nos cuenta cómo supo de ese fenómeno, por primera vez, en el cariño que sentía su padre hacia los autos. Así lo social cobra un giro autobiográfico y personal que testimonia ese "yo" convincente antes aludido. En una reciente crónica de su visita a La Habana vuelve sobre esta tierna vinculación con su padre a través de los autos antiguos.

Esta temática de la masculinidad boricua –hoy día es más fácil el candor de las mujeres cuando comentan a los hombres que la franqueza de estos cuando retratan a las mujeres– alcanza motivos fascinantes como la depilación corporal en el sector Daddy Yankee: ser hombre de pelo en pecho está "out", el lampiño está "in", para estar en algo tienes que sacarte las cejas, varón. Son detalles elocuentes porque quien observa es una escritora y quien reflexiona luce igualmente perpleja. Semejante reflexión entonces se retrotrae a Ismael Rivera y su machismo de barriada, la violencia doméstica defendida en algunos de sus números. Cuando se trata de comentar a mayor amplitud las vaguedades y presiones de la masculinidad, ahí está su curiosidad por el boxeo, la crónica del Campeonato Mundial de Béisbol, con el regalo de esas fugaces semblanzas de Wicho Figueroa como pelotero siempre confiable y el inquieto Ángel Pagán como uno de los peloteros más carismáticos que hemos dado en los últimos años. Hay cierto candor en esa curiosidad por todo; ello se concreta a través de un estilo eficaz. Hablando del boxeo nos dice: "En el boxeo es tan importante el puño como su anticipación. No hay épica sin ofensa, sin drama." Es un estilo preciso y recortado, "hard boiled", nunca lejos del aforismo. Otras veces el boxeo sirve como "correlato objetivo", símbolo de nuestras soñadas virtudes nacionales: "Algo así como la belleza de la isla, mar y sol que disimula bien los golpes." Así capta a Ángel Pagán en un momento de fracaso, instantánea no con lente sino con pluma: "Ángel, bate en mano, cabizbajo y arrodillado, lamentando su error."

De la magnífica crónica que nos narra *El día que enterramos a Cheo Feliciano* pasamos al festín de las fiebres actuales: Ana Teresa comenta las fotos de Instagram, los llamados "selfies", la pretendida nostalgia instantánea de la fotografía digital , el peligro de que la fotografía tradicional desaparezca como arte. Es en artículos como *Pelo y Aire*

11

que reencontramos ese temperamento que nos convence con su voz. Si pudiésemos hablar de un "selfie" literario, de una autosemblanza que no ofende sino que cautiva, seguro que aquí se logra con la escritura de Ana Teresa Toro.

La curiosidad como actitud imprescindible para la crónica reaparece en su recorrido por el cementerio marino Santa María Magdalena de Pazzis, ocasión para ese lindo neologismo, el "fotojangueo". Las excursiones a Cueva Perdida en Utuado y al Cañón de San Cristóbal son noticias que la cronista nos trae de lugares que jamás adivinaríamos como nuestros, que identificamos más con el exotismo del National Geographic que con un turismo interno.

En la vertiente del comentario social se encuentran *Huracán* y *Bufandas en el Caribe*. La compulsión fiestera boricua que culmina en las Fiestas de la calle San Sebastián provoca ese certero ensayo titulado *La fiesta de los ochenta días,* comentario sobre la evolución del país de las cuatro b: baile, botella baraja y bochinche. Este trabajo ejemplifica otra variante de la semblanza, es decir, el retrato mediante la historia oral que recoge de estas soñadas y sonadas fiestas que culminan nuestra Navidad.

La sección final nos deleita con ese comentario sobre palabras con tantos significados como sugerencias e insinuaciones del cuerpo social: papi y mami, amar, puñeta, son todas palabras al pensamiento grato y a la acción memorable, Ana Teresa las considera con el interés y relamida delectación con que los estudiosos miraban en sus colecciones, en sus llamados "gabinetes de curiosos", posible subtítulo para esta imprescindible antología.

Edgardo Rodríguez Juliá
a 23 de mayo de 2015

Introducción

Pronto en la vida aprendemos que una de las cosas que más importa es ser relevantes, pertinentes, ser y estar en congruencia con nuestros tiempos y sus necesidades. Nos encantan los grandes dramas humanos, donde palabras como libertad y justicia, encuentran una narrativa más para definirse. Para un periodista esto es doblemente importante. No sólo hay que saber hacer la pregunta precisa, sino que cada comentario en un texto, cada frase en una entrevista debe sobre todo ser, por encima de toda duda, total y absolutamente relevante.

¿Por qué hablar de algo que no está de moda? ¿Por qué entrevistar a alguien que a todas luces no tiene *nada* que decir? ¿Por qué cometer el imperdonable pecado de la irrelevancia? ¿Por qué ir en contra de la misión que nos ha quedado impuesta (o autoimpuesta) de contar aquello que es relevante para la toma de mejores decisiones en una democracia? ¿Por qué prestar atención a lo que no importa?

Para bien o para mal, siempre he tenido inclinación hacia lo irrelevante. Aquello que pasa por debajo del radar o que descartamos como accesorio, complemento o en mi eufemismo favorito "cultural", por lo general ha sido lo que más ha llamado mi atención. Creo en los artistas, creo en su capacidad de ser cronistas emocionales, de advertir lo que viene, de hablar desde un lugar que suele escapar la lógica. Creo en la parte para contar el todo, prefiero el micro al macro.

Me importa que miles de personas cada Navidad van a ver la nieve falsa caer en Plaza Las Américas, o lo contundente que es la lluvia al paralizar el país, me inquietan las narices de los perros o el uso que le damos a la palabra "papito". Me hacen detenerme los apellidos corsos o ingleses en las tumbas de nuestros cementerios, quiero entender el "frío", o debo decir, nuestra noción del frío en el Caribe isleño, quiero entender por qué amamos a las reinas de belleza, descifrar la perfección de los cerquillos y la inmortalidad de los boleros. Me interesa entender por qué en un video de Calle 13 se quema un Maserati, cómo incide en nuestra producción cultural la temporada de huracanes, qué hay en el rico universo interior de nuestra naturaleza, en las cuevas, en el cañón. Me dan ganas de escribir -como siempre para entender- cosas tan íntimas como la relación de las mujeres con los pelos y otras tan masivas como el boxeo, la pelota y esa sensación de alivio que viene cada vez que decimos puñeta.

No se trata sólo de la búsqueda del placer que deriva el regodearse en algo así, sino porque estoy convencida de que como periodista en estos aspectos considerados usualmente irrelevantes en los medios masivos, existe una información valiosa que no sólo nos ayuda a entender mejor las decisiones que tomamos como país, sino a educarnos respecto a las que vendrán. Somos y estamos en nuestras cotidianidades, en nuestras pequeñeces, en los misterios de lo que nos parece irrelevante. Lo que descartamos nos define también. A veces, más de la cuenta.

Es ahí donde justamente hay una reivindicación hermosa de este oficio en el que nunca, nunca, somos tan importantes. Importa sí, en dónde y sobre qué o quiénes decidimos posar nuestra mirada.

Como periodista cultural activa desde el 2003, en mi joven y corta, pero intensa carrera he experimentado esa sensación de irrelevancia de muchísimas maneras. El periodismo cultural no suele ser tomado en cuenta en las lógicas de las narrativas de los eventos "importantes" y "relevantes" del país. No es un secreto que los temas culturales nunca han sido la agenda principal de ningún medio en el mundo y aquellos que dedican abundante espacio al desarrollo de estos temas lo hacen más como una inversión en prestigio que como un proyecto prioritario. Es una generalización, sí, pero como sucede a veces, proviene de un espacio con fuerza de verdad.

Yo, confieso, he tenido mucha suerte. Me he topado con editores y editoras a lo largo de estos poco más de diez años que me han confiado la posibilidad de analizar estos temas que nunca parecen ser demasiado importantes. También con medios, sobre todo en *El Nuevo Día*, que me han dado página abierta para desentrañar estos temas desde las páginas culturales.

Y como es natural, con el tiempo, algo se entiende o al menos se encuentra un pie forzado para una conversación inacabable. Este libro es eso, un intento -siempre apenas, un intento, un irrelevante intento- de abrir una conversación alrededor de aspectos de la puertorriqueñidad que nunca ocuparán una primera plana pero desde los cuales -confío, espero, anhelo- podemos narrarnos y entendernos un poco más.

Las narices de los perros, es el título de una brevísima crónica aquí contenida, que se enfoca en esas narices húmedas y felices de los caninos que tanto pueden decir sin proponérselo sobre la conducta humana. Hemos bautizado este libro así, por varios motivos, pero sobre todo por el interés en colocar una lupa en aquellas historias fragmentadas o "poco importantes" que dan cuenta de una totalidad. Este libro es una colección de reportajes, entrevistas, crónicas y ensayos cortos que pretenden precisamente eso: detenernos en lo que no importa, caminar hacia "lo relevante" por la vía de sus opuestos. Algo así como amar la isla desde sus fisuras, contar de sus grietas y fracturas, contarla, contarla y contarla en ese eterno e "irrelevante" esfuerzo por existir en la palabra.

I

Un país que no sabe que es país

CHATARRA

Hace tres años uno de los periodistas que más respeto me preguntó que por qué me interesaba escribir desde y sobre mi país. Fue una de esas preguntas cuya respuesta una no sabe que tenía tan clara hasta que la apalabra y, de pronto, sabes que lo sabes.

La pregunta se dio en el marco del encuentro Nuevos Cronistas de Indias que la FNPI organizó en el D.F. en el 2012 y del cual tuve el enorme privilegio de formar parte como joven cronista y acompañada por los maestros de la crónica en Puerto Rico Héctor Feliciano y Edgardo Rodríguez Juliá. El periodista fue Jon Lee Anderson y recuerdo que en aquella ocasión le contesté algo así como: Trabajo en mi país y escribo sobre mi país porque vengo de un país que no sabe que es país y que a veces, incluso, no quiere ser país. Además me interesa explorar la experiencia colonial porque eso a la gente algo le hace, no sólo en sus experiencias profesionales o como sociedad sino en el individuo, en su autoestima, en lo que cree de sí mismo y de lo que es capaz de hacer. Claro que hay excepciones, pero la norma no lo es por nada. Vivimos, por ejemplo, en un país de muchos gerentes y pocos empresarios. Y a mí me interesa —en este momento desde la cultura— hablar de herramientas que puedan ayudarnos a explicarnos, a entendernos, a narrarnos porque los países nacen –entre otras cosas– contándose a sí mismos.

Un tiempo después Jon Lee Anderson vino a Puerto Rico y le pregunté sobre los países colonizados (poco después salió su último libro titulado *La herencia colonial y otras maldiciones*) y recuerdo que me contestó: "En general, y no quiero hablar específicamente de Puerto Rico pues es un país que recién voy a conocer, puedo decir que a una sociedad la infantiliza y no permite que una gente autóctona evolucione por sí misma. Mira a África, que les ha costado 50 años encontrar sus propias identidades. En América Latina, por más que hubo rupturas, hubo un claro legado colonial con sus virtudes y con sus maldades. En el caso de los países que han quedado como híbridos, nunca del todo liberados de ese legado, vemos síndromes de dependencia colectiva mucho más arraigados".

Y entonces escucho al gobernador Alejandro García Padilla hablando de un gobernador joven que quiere hacer que nos comportemos como adultos y pienso en la infantilización, en la autoestima baja de los países colonizados, en lo que le hace eso a la gente a un nivel humano y colectivo, y escucho a gente en todas partes diciendo frases como "somos chatarra" –siempre con humor porque eso nunca falta– y me inquieta el peso simbólico de la noticia del día de la degradación a chatarra de los bonos de nuestro gobierno que es poco nuestro para tantas cosas y tan propio para otras. Digerir palabras como degradación y chatarra requiere estómagos adultos y la experiencia colonial no deja que crezcan. En fin, crecer o vivir con una horrenda indigestión.

4 de febrero de 2014

"VIVIMOS EN EL PAÍS DE LAS PALABRAS VACÍAS"

Fue culpa del aire porque faltaba. Tenía 15 años y hacía lo mejor que había logrado hacer hasta el momento: correr. Pero se habían atrofiado las membranas de las fosas nasales. Hubo que operar. La recuperación la pasó leyendo de todo, historia, literatura, ciencia, lo que fuera. Ahí nació el gusto. De otro modo, probablemente, habría sido atleta.

Pero Eduardo Lalo es escritor, hace más de 30 años. Ha publicado 9 libros y, aunque viaja a Argentina y la gente reconoce su trabajo, en Puerto Rico –la verdad– pocos habían escuchado su nombre antes del jueves pasado, cuando el país se enteró de que había resultado ganador de la XVIII edición del Premio Internacional de Novela Rómulo Gallegos, uno de los más prestigiosos en Iberoamérica, por su novela *Simone*.

La proeza no es pequeña. Entre los finalistas del premio se encontraban figuras como el mexicano Juan Villoro, el chileno Alejandro Zambra, el guatemalteco Rodrigo Rey Rosa o la uruguaya Silvia Lago, entre otros autores conocidos cuyas obras forman parte del circuito internacional del mundo editorial.

Eduardo Lalo no pertenece a ese grupo. Sus libros los ha publicado con editoriales pequeñas –no multinacionales–

o de manera independiente. Ahora llueven los agentes literarios.

Nació en Cuba de madre cubana y padre español. A los pocos meses salieron de la isla, con su hermano nueve años mayor, a vivir en la provincia de Asturias en España. A los dos años y medio se mudaron definitivamente a San Juan y tras una breve temporada en Puerto Nuevo, la familia se estableció definitivamente en Guaynabo.

Su padre tenía una fábrica de cinturones de cuero y su madre atendía el hogar. Cuando llegó tenía una mezcla extraña en la voz, entre el dialecto asturiano y el acento cubano. De eso no queda más que una vaguísima memoria. "Soy puertorriqueño. Es como la paternidad, hay relaciones que no tienen que ver con la sangre".

Estudió en la Universidad de Columbia en Nueva York y continuó estudios graduados en La Sorbona en París. Allá siguió creciendo la pasión por los libros pero con ello vino el hambre y, literalmente, la desnutrición, los desmayos. La pasó mal. No era fácil ser estudiante al otro lado del charco, con poco o ningún dinero.

Fue tallerista de Carmen Martín Gaite, con quien trabajó durante un periodo breve en Madrid. Pero la situación no mejoró y a finales de 1983 regresó a San Juan. El cantazo que representó el volver es la médula de su novela *La inutilidad*, texto que se reeditará próximamente en Argentina. Ingresó al profesorado del recinto de Río Piedras de la Universidad de Puerto Rico en las facultades de Humanidades y Estudios Generales. Y ha seguido escribiendo aunque eso implique ser un atleta de la derrota como dice uno de sus personajes.

"Mi hijo mayor (tiene tres de 18, 16 y 10 años) me dijo hace mucho tiempo que el que pierde no gana pero tampoco pierde y esa es la definición de la tragedia. El héroe trágico pierde pero lo hace por las buenas razones. No es derrotado, es un fracaso que lo dignifica. La mayor parte de las buenas causas del mundo acaban en derrota.

El que defiende un bosque lo tumban. No todo el mundo puede ser Nelson Mandela, que triunfa, pero claro, se pasó 27 años en la cárcel. La mayor parte de la gente buena se pudre en la cárcel aun con las buenas razones y en Puerto Rico tenemos gente muy cerca en esa situación".

Para un escritor, es cuestión de seguir escribiendo a pesar de todo y con el peso de todo. De modo que, Eduardo Lalo lleva años por ahí, recorriendo y narrando la ciudad a pie, con su mochila llena de varias libretas y unas cuantas plumas fuente que él mismo arma y desarma, les cambia los sacos, las maquinea porque siempre anda buscando la pluma perfecta. Dice que cada una tiene su personalidad y no puede usar siempre la misma.

Lo que no cambia es que sus libros nacen así, a mano, manuscritos en toda su literalidad. Muestra la rapidez con la que la pluma fuente escribe y ahí conocemos al artista plástico que ha presentado más de una decena de exposiciones de fotografía y obra tan mixta como sus libros, en los que los géneros se cruzan.

No se sabe si es un ensayo filosófico, o una colección de cuentos, de crónicas. Quizás puede que lo que lea sea una novela; eso sí, con la ciudad siempre presente con todos sus callos expuestos. De alguna manera sus libros no se leen, se camina por sus páginas.

Su relación con las artes plásticas ha estado presente en su obra de manera constante y con *Simone* de una forma curiosa, pues las intervenciones en el espacio público, los dibujos, la línea de un bolígrafo y sus posibilidades son parte integral de la trama.

Hablamos de eso y sigue moviendo la pluma. Sin levantarla de la hoja de papel traza una línea. Dibuja y aparece un par de ojos, una boca. En menos de cinco segundos le nace una historia visual.

Nos encontramos con él justo a una semana de conocer la noticia en la librería Libros AC en Santurce. Es un hombre discreto, más bien tímido, no trata de manera alguna de llamar la atención. Es calvo de cejas importantes, una marca en su rostro que constituiría el trazo clave si alguien intentase dibujarlo.

Usa zapatos cómodos y colores claros. Está cansado, esa mañana el secretario de Estado David Bernier lo designó abanderado de la delegación puertorriqueña a la Feria Internacional del Libro en Lima.

Ha perdido la cuenta de las entrevistas que le han hecho de todos los países de Iberoamérica, un fuerte contraste con la cotidianidad de este hombre que habla hacia adentro y –según él mismo dice– vive casi siempre en su mundo interior y con su núcleo de amigos y familiares. Aún así tiene ganas de hablar.

Han pasado unos días desde el anuncio. ¿Sientes que ya has logrado calibrar lo que esto significa en tu carrera y para el país?

Es un dique que se abre y uno no para de recibir llamadas, peticiones, de todo. Todo el mundo tiene algo que decirte, se les ocurre decirte lo que tienes que hacer, o piensan que uno se sacó la lotería y no tiene que hacer nada más en la vida. No es que voy a ser rico, eso no es lo que es el premio. Sí es un dinero que me posibilitará algunas cosas dada mi situación bastante precaria, y ojalá me beneficien, a mí, a mis hijos y a mi compañera. Pero ese es un evento en el que, a veces, uno se pierde en todo esto.

¿Cómo veías antes el mundo de los premios?

La mayor parte de los premios están decididos de antemano, sobre todo los premios españoles. Muchos prestigiosos como el Premio Cervantes tienen el absurdo de que un año se lo dan a un latinoamericano y otro año a un español. En este caso si de algo estoy contento es que siempre ha habido una posición ética.

Yo ni iba a participar y un amigo me llama, me dice que mande unos libros. Mi editorial no es una multinacional, si gané fue por circunstancias casi mágicas que hicieron que ese jurado conociera la novela y les entusiasmara porque debieron haber habido muchas presiones económicas. Yo no era conocido.

El periódico El Comercio *de Ecuador hablaba de que le daban el Rómulo Gallegos a un escritor desconocido hasta en Wikipedia. ¿Te sentías invisible como escritor?*

Gran parte de mi obra se basa en eso, en parte, por eso tiene una dimensión fotográfica. La fotografía, como lo interpreto, trata de hacer ver lo que está ahí pero no se ve. Nosotros desde el Caribe, que en sí es una región marginada, al ser isla, y luego, la situación política nos invisibiliza más. La literatura puertorriqueña ha sufrido eso siempre. Además, hay dos invisibilidades, la de las imágenes que se han visto y revisto, y por ello ya no se ven como los muertos en el mundo de las noticias, y lo que verdaderamente está invisible como decir que mueren 500 personas de hambre en Etiopía. Eso no se ve.

Has sido muy enfático en la importancia de este premio para visibilizar el tema de Puerto Rico y nuestra literatura. Temas como la falta de una embajada, la idea de los países invisibles, todo ello converge ahí. ¿Te sientes responsable de llevar ese mensaje?

Es una actitud coherente con lo que he hecho. Me ha preocupado eso y lo he abordado desde muchos ángulos, es algo que he pensado mucho. Es cónsono con lo que soy como artista. En circunstancias actuales, lo que conlleva el premio es importante. No pensé en eso por gusto, sino con dolor, con la idea de que hubiese una reacción para seguir pensando en eso. En general, todo el mundo tiende a vivir encapsulado pero nosotros no tenemos representación y, digan lo que digan los políticos, Puerto Rico no existe legalmente.

Para nosotros es evidente que es nuestro país pero no tenemos las formulaciones que tienen las demás naciones del mundo. Hay que conjugar eso de alguna manera. Vivimos en el país de las palabras vacías, si algo nos ha movido es eso, la impostura de palabras que no significan nada. Como país, como sociedad, nos hace una falta enorme que las palabras signifiquen, que no nos sigamos engañando con fórmulas que no existen.

Mucha gente dice que haces libros raros por romper con estructuras narrativas. ¿Cómo describes tu estilo?

En un principio quise ser un novelista clásico. Irónicamente, esto es un premio de novela pero eso ya no me interesa. Me interesan esos libros híbridos que no se sabe qué son. Mi acercamiento no viene por la visión de las pautas de las grandes editoriales que buscan novelas de gran tamaño para venderle a aquel que va de viaje, o toma un tren. Eso es una perversión de la literatura y no me interesa.

¿Te sientes parte de los escritores del país como grupo intelectual?

Siento que hay una gran desarticulación social entre los escritores puertorriqueños. No hay espacio de reunión, de intercambio. Hay un fenómeno curioso y es que si no fuiste a la UPR en Río Piedras, o al menos te paseaste por aquellos pasillos, no existes.

Mucha gente, cuando salió mi primer libro en el 86, pensaron que el nombre era un seudónimo de algún profesor. No he escuchado nunca a uno de los escritores mayores ni siquiera reconocer mi nombre. Vengo de un lugar que nadie se esperaba y escribo de lo que significa vivir en Puerto Rico, trato de validar esa experiencia, de reivindicar nuestro derecho a la tragedia, que nuestra condición humana es tan válida y significativa como cualquier otra. Además es muy útil para otros porque yo siento, por ejemplo, que la globalización la vivimos en la cultura puertorriqueña incluso antes que en muchas partes del mundo.

En tu novela Simone *el personaje de Máximo Noreña dice que en el mundo ya hay demasiadas lecturas inolvidables.*

Entonces, si no se escribe para la memoria o con el deseo de escribir la gran novela, ¿para qué y por qué escribes?

Es como a un músico que le gusta tocar. Es mi manera de relacionarme con el mundo, pero también hay muchas ilusiones perdidas y esto es lo que queda. La literatura nos lleva a confrontar esas palabras e imágenes que tenemos a nuestro alrededor y ya no nos sirven. La mayor parte de las cosas que nos rodean son falsas. Creemos que la gente es buena, creemos en el amor, en la familia y la justicia y según vamos creciendo, a veces muy dolorosamente y desde muy temprano en la vida, vamos descubriendo que no es así. Intentamos entonces expresar algo que es impalabrable pero quizás una persona tiene la suerte de leer un texto que le llegue y algo pasa, uno no sabía que eso era posible. Creo que el escritor intenta siempre volver a esa primera experiencia y producirla en otros.

Simone es una novela de gente invisible. Está la comunidad china en San Juan, el protagonista solitario, la enajenación isleña. ¿Qué tipo de investigación hiciste?

No sabía que iba a ser una china pero surgió porque hasta cierto punto son los más invisibles. No hice una investigación sociológica, sí leí crónicas de la revolución cultural para no cometer un error histórico por ignorancia y entender por qué se fue esa gente. A lo que va *Simone* también es a lo que puede hacer la literatura por una persona.

Puerto Rico tiene hoy debates que muchos países tuvieron hace siglos como el del azul de la bandera, la lengua oficial y otras marcas de identidad. Y son muchos los autores que han dicho que la experiencia colonial infantiliza a una sociedad. ¿Crees que ha sucedido lo mismo con nuestra literatura?

No. Creo que nuestra literatura es un caso donde hay menos infancia. Sí hubo ciertas épocas aquí en las que se escribía para gente que no leía literatura y eso es un grave error porque no todo el mundo tiene que leer, no todo el mundo va a leer aunque se lo pongas fácil porque nunca desarrollaron una conexión con un texto. Hay mucho más que explorar y podemos partir de nuestra experiencia y no hacer la versión puertorriqueña de otros estilos que han triunfado.

La ciudad es una constante en tu trabajo. ¿Cuál es la grieta de San Juan que más te duele?

San Juan es una experiencia y también una condición. Es una experiencia recorrerla, es un lugar que está lleno de gente pero está vacío como todos los centros urbanos en Puerto Rico. También pienso en la suciedad porque los gobiernos no limpian la ciudad. Me ha conmovido mucho también mirar el mar desde el Morro, porque el mar es nuestro desierto, es lo que los hombres y mujeres de San Juan se han detenido a mirar. Ese límite de lo que somos nos representa.

Texto publicado en la edición
del 16 de junio de 2013 de *El Nuevo Día*

LALO

Hoy, en pocas horas, a eso de las seis de la tarde el escritor puertorriqueño Eduardo Lalo recibirá el Premio de Novela Rómulo Gallegos por su novela *Simone*. Es el premio literario más grande que algún escritor puertorriqueño haya ganado jamás. Y no precisamente por el dinero que viene con él, después de todo el dinero siempre se hace sal y agua y deja poco a la nostalgia.

Pero con este premio algo queda, algo surge. ¿Que por qué es importante? Sencillo, con este reconocimiento se premia una tradición, una literatura. De nada sirve que vaya uno y vuele y sea reconocido y aplaudido, si va solo. Solos todos caemos tarde o temprano. Con este premio se reconoce al escritor que escribe porque no puede no hacerlo, que publica contra todo pronóstico porque sabe que lo que hace es importante, que la literatura puede explicarnos cosas que nada en el mundo puede, que sabe que a veces leemos un libro y algo nos pasa, algo cambia por dentro, algo entendemos de lo que somos y de lo que no somos.

A veces, no es nada de eso y simplemente viajamos porque sí, porque es rico viajar. Caminamos sobre las páginas, las recorremos y, con suerte, no nos corta el filo del papel.

Este premio es una mano más que se alza, un miren para acá que algo está pasando y eso poco o nada tiene que ver con aplausos. Todos hemos vivido en Macondo, hemos recorrido Latinoamérica, los Estados Unidos, recovecos chinos y calles turcas gracias a la literatura. Todos hemos imaginado "el otro" universo, "el otro mundo". Y decir imaginar no es poca cosa, imaginar es una manera de empezar a ser.

Entonces, si lo pienso, la primera pregunta que se le hace a un puertorriqueño cuando viaja tiene que ver con el estatus político del país. ¿Cómo es que se puede ser estado, libre, asociado, a la misma vez? No se trata de explicarnos, sino de invitar a que, desde nuestra literatura y producción cultural, puedan también imaginarnos.

2 de agosto de 2013

EN ALTO

Una de las frases hechas más utilizadas en el país es esa que afirma sin posibilidad de que se contradiga que todo lo que hace un atleta, un artista o un profesional de cualquier campo y es reconocido en el extranjero, lo hace con el deseo de "poner el nombre de Puerto Rico en alto". No sé si es de tanto escucharla, de tanto recibirla como respuesta al hablar con algún entrevistado, pero por alguna razón siempre he tenido problemas con esa frase.

Para empezar para que algo sea puesto en alto, digamos que la lógica dicta que ha de estar en bajo. Y entonces hay que pensar en dimensiones y dilemas de autoestima. Algo así como dilemas adolescentes.

¿Podemos ser grande si en la isla somos 3.5 millones de habitantes y fuera de ella sobrepasan hace rato los más de 4 millones? ¿Podemos ser grandes si estamos rotos? ¿O somos grandes precisamente por eso, porque nos hemos esparcido?

Cuando pienso en quiénes son los que andan poniendo "el nombre de Puerto Rico en alto", irremediablemente llego al mismo lugar: los músicos. Porque si bien es cierto que hay puertorriqueños destacados desde la NASA, al Tribunal Supremo de los Estados Unidos, pasando por el deporte de calibre mundial, la literatura, el teatro, el cine, la danza, en fin, todos los campos imaginables; también lo es que como me dijo alguna vez el ingenio musical tras Calle 13, Eduardo Cabra (El Visitante), la música es nuestro petróleo.

De eso no hay duda, él y su hermano René Pérez Joglar se han convertido, un poco por convicciones y otro poco por accidente, en una especie de embajadores de Puerto Rico en Latinoamérica. Lo que comenzó como un juguetón perreo de sonidos complejos y artísticos, hoy día es un proyecto de ideas y contenido más que de exhortación a que las muchachas se atrevan a quitarse el esmalte, a destaparse, a salirse del clóset. Hoy, Residente y Visitante, se reúnen con los presidentes, se ocupan de difundir internacionalmente información vinculada a la realidad puertorriqueña, al tantas veces silenciado caso del preso político puertorriqueño Oscar López Rivera, hablan del país –a veces– más como diplomáticos que como artistas. Y más allá de que se aprueben o se condenen sus ideas por parte de la mayoría de los que vivimos en esta isla de 100 por 35, lo cierto es que ellos son tan sólo el ejemplo más reciente de que la voz de este país internacionalmente siempre ha resonado mucho más si viene con ritmo.

En este caso, habría entonces que decir que no se trata más bien de que anden por ahí poniendo el nombre de Puerto Rico en alto, lo ponen en medio de la conversación, lo integran al debate.

Sin embargo, eso en San Juan –la verdad sea dicha– tiene valor para un limitado sector de la población. Aquí manda José Juan Barea cuando mete puntos en el equipo ganador de la final de la NBA, él es un héroe a los ojos de la mayoría; mandan las reinas y su ofrenda de coronas de belleza para la isla, manda el instante de brillo, el minuto en que cualquier evento internacional nos confirma la existencia de la misma manera en que cuando llegan al Viejo San Juan los cruceros nos levantan un poco el espíritu porque no hay mayor confirmación de la existencia que una visita en masa, aunque sea de un turismo de foto sinsentido y borracheras de Señor Frog's.

Y tengo que volver a preguntarme si será que hay que poner en alto lo que está en bajo, si es un asunto de dimensiones, si somos una isla pequeña, con muchos menos habitantes que digamos una gran ciudad como Nueva York o el D.F., que ser pequeño siempre garantiza querernos –o necesitar– trepar en una banqueta y alzar la mano con más efusividad para que nos tomen en cuenta. Mido cinco pies y uso plataformas, digamos que entiendo algo de esa metáfora de estatura.

Quizás es una cuestión de confusión, de saber que lo que está arriba siempre mira con algo de superioridad a lo que está abajo, será que somos una isla adolescente que tiene prisa por crecer, sacar la licencia de conducir e irse a recorrer el mundo.

Lo curioso es que esta frase siempre va ligada a otra: "ponerla en la China", que es más o menos decir que se triunfa incluso en tan lejanas coordenadas. Orgullosamente muchos reguetoneros podrían decir eso. Nunca olvido la cara de susto que puse cuando en uno de esos viajes de veintipocos años, casi nada de dinero (y el que se tenía se debía), mochilas y hostales por Europa me detuvo en un pequeño mercado callejero en Holanda un sonido extrañamente familiar. Un juguete, una pequeña muñeca de caderas libertarias, se movía al ritmo de La gasolina de Daddy Yankee. En ese instante decir Holanda y China vinieron a ser la misma cosa, esa era la definición de la frase.

Entonces, ser conocido ¿es un asunto de altura? Sospecho que no, pero hay algo con eso de la música y el petróleo, hay algo con la dimensión y el hambre de crecer.

10 de febrero de 2013

SER PUERTORRIQUEÑO HOY

"**H**abla mucho más de lo que somos hoy Calle 13 que los espectáculos de bomba y plena", opina el psicoanalista Alfredo Carrasquillo con plena conciencia de que su aseveración aprieta los botones de los custodios de una identidad cultural más cercana a lo tradicional.

Pero seamos sinceros: ¿bailamos hoy como los jíbaros? ¿hablamos igual? ¿tenemos los mismos valores? Y sí, en el reguetón encontramos matices de la bomba y está claro que mucho de lo que somos está sujeto a lo que fuimos. Pero la pregunta permanece: ¿Qué es ser puertorriqueño hoy?

Vivimos en la era donde las palabras cultura e identidad ya no funcionan en singular, hablamos de culturas e identidades. La academia acoge conceptos como el de "identidades híbridas" como uno de sus tópicos más "sexy" por lo seductor que resulta para los estudiosos. Sobre todo porque se trata de una de las obsesiones más grandes de la condición humana: encontrar su identidad, definirse, encontrarse.

En el caso de Puerto Rico, la Isla donde la bandera aparece ondeando de la manera más digna en las astas más honorables o se amolda a lugares insospechados como sillas de playa (recipientes de nada discretas sentaderas) o se arrastra en sandalias e indumentaria de todo tipo, el tema siempre es pertinente. Así las cosas, una semana como esta en la que muchos de nuestros niños y niñas han sido vestidos de indios, africanos o españoles y han comprendido que su identidad tiene que ver con la mezcla de esas tres razas, exploramos esa pregunta que de tan obvia resulta reveladora: ¿Quiénes somos en el siglo XXI?

"Hay dos grandes tradiciones: está la esencialista que parte de la idea de que lo que somos está definido a partir de los orígenes, esa teoría del 'osterizer' de Ricardo Alegría que habla de la mezcla de indio, africano y español y establece que eso hemos sido y eso seremos", presenta el psicoanalista Alfredo Carrasquillo quien, desde su experiencia como consultor en materia de liderazgo y estrategias para diversas compañías, da fe de que la perspectiva que se tenga respecto al concepto identidad influye grandemente en el desarrollo social tanto a nivel individual como nacional.

"Entonces está el otro enfoque, con el que yo simpatizo, que establece que la identidad cultural es dinámica. Lo que define quiénes somos son nuestras prácticas, cómo comemos, cómo bailamos, cómo hacemos el amor", plantea Carrasquillo.

Su visión va más a tono con los análisis contemporáneos en torno al tema en los que la identidad cultural de un grupo social siempre está en movimiento. Esto en parte, como uno de los grandes saldos de la globalización. Ahora bien, no se trata de que lo tradicional no tenga un espacio sino de reconocer la actualidad como una experiencia distinta.

"Si la celebración de lo puertorriqueño tiene que ser recrear lo que fuimos, estamos huyendo de lo que somos hoy. Por qué no aprovechamos fechas como esta para celebrar lo que somos y pensar en lo que queremos ser", propone Carrasquillo.

La obsesión y la lista

Ambas miradas, la tradicional y la dinámica, generan las preguntas que sacuden el debate y que lo acaparan década tras década. Ejemplo de esto lo es la discusión en torno a la selección como Miss Puerto Rico de una joven de padre holandés y madre dominicana o a la adquisición de Benicio del Toro y de Ricky Martin de la ciudadanía española.

"La cultura se basa en la práctica social no en la sangre", asevera el escritor y experto en el tema, Juan Flores quien como niuyorican vivió intensamente el desprecio por parte de los puertorriqueños en la Isla. "Las culturas donde más se observan prejuicios son las que se construyen a base de la biología", abunda toda vez que enfatiza en que "una cultura que no está en movimiento, está muerta".

"No pueden hacerse listas de lo que es o no puertorriqueño porque no todos los boricuas hablan español, no a todos les gusta el arroz y la habichuela, no todos son católicos", explica Flores.

"¿Se le va a negar a un preso político que dio su libertad por un país que nunca ha visitado o cuyo idioma no habla su identidad como puertorriqueño?", cuestiona Carrasquillo.

"La base de la cultura es la historia. Los boricuas hemos vivido una cierta historia a través de los siglos, mi historia personal puede ser diferente pero mi historia colectiva es parte de algo mayor. No se puede hablar de historia de Puerto Rico, sin tomar en cuenta la experiencia de la diáspora", plantea Flores, quien ha encontrado mayor apertura en la actualidad en torno a ese afán por definir.

Y es que precisamente esa obsesión por establecer una identidad puertorriqueña es otro de los grandes saldos de la experiencia globalizada. "A mayor globalidad, mayores diferencias y la cultura las hace aparecer", reflexiona Carrasquillo.

Por su parte, Flores establece que esa obsesión es inherente a cualquier país pues tiene que ver con la idea de que el ser humano quiere pensarse a sí mismo como un ser excepcional. "Se busca resaltar en el mundo esa idea de que se es una cultura única y especial y hasta cierto punto superior. Eso puede convertirse en un nacionalismo peligroso pues tiene que ver con un aislamiento", señala Flores quien considera que en el caso de Puerto Rico, la condición política lo acentúa. "Porque está la idea de que la cultura está bajo amenaza", dice.

Carrasquillo coincide, "se utiliza la lógica del morro, de defender el fuerte. Pero no podemos protegernos de nosotros mismos y nosotros estamos cambiando todo el tiempo, nos estamos recreando".

El tema, como ven, es un espiral infinito que arranca desde el nacimiento propio y colectivo. La autora puertorriqueña Giannina Braschi trabaja el tema en su obra y considera que parte del problema radica en la ambigüedad política: "no hemos nacido como país". Otros rechazarán esa perspectiva pues conceptos como nación y ciudadanía han probado no significar lo mismo en esta era. Entonces, ¿qué es ser puertorriqueño hoy? Si usted lo siente, usted lo sabe.

Texto publicado en la edición del 18 de noviembre de 2011 de *El Nuevo Día*

AZUL CRAYOLA

En una isla con dos banderas, dos himnos y dos metrópolis a nuestro haber, que hoy día andemos peleándonos por el tono de azul de la bandera de Puerto Rico suena como de lo más natural, si no fuera porque este es el tipo de discusión que en la forja de las naciones de América Latina se sostuvieron. Y no, no es que estemos unos siglos atrás, es que nuestro proceso ha sido otro.

En junio de 2014 llegó a Puerto Rico la delegación de artistas cubanos más grande en mucho tiempo. El Ballet Nacional de Cuba, encabezado por la mismísima Alicia Alonso, fueron recibidos con todos los honores en el Departamento de Estado en San Juan por su secretario David Bernier.

Además de los aplausos, la visita suscitó una imagen impensable años atrás: las banderas de Estados Unidos, Puerto Rico y Cuba ondeando juntas cual triángulo de la hermandad estrellada. Sin embargo, los comentarios fueron directo al punto: el azul de la bandera puertorriqueña no era el azul celeste que la hermana con la cubana, era un azul marino, que la combina perfectamente con la estadounidense.

El tema del azul de la bandera ha durado años. Cuando gana el Partido Popular Democrático se van aclarando los tonos de azul, sobre todo si el liderato del momento se inclina más a visiones autonomistas. O lo que es lo mismo, mientras más lejos del norte, más claro el azul. Algo así como las aguas del mar Caribe que son mucho más claras y cristalinas que las del Océano Atlántico que nos bañan por el norte. La imagen se vuelve mucho más clara cuando se regresa en barco de Vieques o de Culebra y se observa cómo hacia el norte se oscurecen los tonos de azul del agua y hacia el sur se van volviendo más transparentes, más espumosos.

De ahí que cuando la alcaldesa de San Juan Carmen Yulín Cruz entró al poder, de inmediato las banderas de Puerto Rico del municipio comenzaron a lucir su triángulo azul celeste, color original de la bandera cuando fue diseñada por el movimiento independentista como hermana de la bandera cubana.

Si por el contrario quienes están en el poder son los líderes del Partido Nuevo Progresista, de visión anexionista, poco a poco se oscurecen los tonos y la bandera puede tener lo mismo un triángulo azul marino que uno azul crayola (algo así como azul añil) por aquello de llegar a punto medio, un eterno medio camino como lo es el Estado Libre Asociado.

De manera que no hay consenso, es un país culturalmente vivo, construido y claro pero en materia de estado, vive en eterno estado de construcción.

4 de marzo de 2012

LA CULTURA POR ELA

La cuestión es que el ELA cambió las cosas. Cuando se izó la bandera puertorriqueña por primera vez junto a la estadounidense y quedó establecida hace sesenta años la Constitución del Estado Libre Asociado de Puerto Rico (ELA), muchos paradigmas sobre lo puertorriqueño quedaron sacudidos.

Esto, tanto para los residentes en la Isla, para la diáspora e incluso para los extranjeros que, al sol de hoy, cuestionan con una curiosidad inacabable a los boricuas que conocen en el exterior. ¿Es cierto que allá se habla inglés solamente? ¿Son o no son estado? ¿Cómo es eso de que tienen el pasaporte y no votan por el presidente? ¿Son latinoamericanos o gringos? ¿Por qué a veces aparecen como estado y otras no? ¿Es verdad que no tienen embajada? ¿Por qué van a las olimpiadas?

Dos banderas, dos idiomas, dos himnos... para algunos el saldo de un estatus político ambiguo es sencillo. "La confusión. Imagínate un perro que no sabe si es perro o gato. A veces ladra y a veces dice miau. Es evidente que tarde o temprano este perro terminará en el siquiatra o se pegará un escopetazo, porque no se puede ser perro y gato a la vez... a menos que se trate del perro de Frankenstein", sentencia el escritor Luis López Nieves para quien esta dualidad de presencias culturales se resuelve de modo poco matemático, pues en las matemáticas "dos mitades suman uno, pero dos mitades de culturas no suman una completa. Son simplemente dos mitades, ambas incompletas".

Y es que si buscamos escudriñar en cuanto a cuál es el concepto de cultura puertorriqueña que el ELA nos ha legado, habría que empezar por preguntarse si existe tal cosa. "Yo pondría en entredicho que el ELA creó un concepto de cultura. Yo sí diría que el ELA quiso privilegiar una versión de la cultura que camuflajeara las tensiones políticas en favor de unas afirmaciones muy sencillas pero que fueran colectivas", observa por su parte el historiador Pedro Reina. A su juicio dicho proyecto fue efectivo y lo fue en gran medida por la mordaza con la que vino acompañado. "Se criminalizó la disidencia y existió una fantasía del consenso", dice.

El pacto

Con el ELA apareció por primera vez un discurso sobre lo puertorriqueño orquestado desde el Estado, un código con el que estuvimos de acuerdo en identificarnos y que operó desde el consenso en cuanto a la idea de las tres herencias –hispánica, africana e indígena–, pasando por las tradiciones musicales y afianzándose en la gastronomía y las artes.

"Cuando se levanta esa bandera es la primera vez que se levanta lo puertorriqueño sobre el escenario boricua, a la misma vez que se da la ilusión de que lo puertorriqueño está al mismo nivel y en igualdad de condiciones que lo estadounidense. Esa es la gran metáfora del ELA que no es real", analiza Reina.

Mucho, por no decir todo, de este discurso sobre el pacto social de lo que debíamos entender como puertorriqueño a raíz del ELA se le debe en gran medida a la labor de don Ricardo Alegría como fundador del Instituto de Cultura Puertorriqueña en el 1955, apenas tres años después de la aparición del ELA. Incluso, el mismo escudo del Instituto muestra la imagen de las tres razas.

"La Constitución crea la sensación de que se estaba inaugurando una nueva etapa en la historia puertorriqueña. Era una ocasión para constituirnos como país y dentro de eso hubo una conciencia de la gestión cultural", anota el poeta, exdirector del ICP y actual director de la Academia Puertorriqueña de la Lengua, José Luis Vega.

"La definición de cultura que se elaboró en ese momento buscaba hacer, construir, por eso a partir de esa fórmula relativamente sencilla se comienza a forjar una identidad", añade Vega para quien las tensiones entre el español y el inglés, entre los valores del pasado y las aspiraciones de progreso, son parte fundamental de esa ecuación.

Las tensiones

El idioma ha estado en el centro de esas tensiones pero, nadie se llame a engaño, basta salir a la calle para reconocer el lugar del español como lengua vernácula. Lo complicado aquí sería la resistencia de un sector de la población a aprender inglés y la pasión por aprenderlo por parte de otro sector.

A esto habría que añadir el saldo social y artístico. "En lo económico creamos una generación de gerentes y no de empresarios... pero tanto en las artes plásticas como en la literatura vemos que nunca se abandonó un discurso contestatario que lleva décadas desbordándose de los límites que construyó el ELA", señala Reina.

Y es que esa obsesión por definir una identidad, por explorar las tensiones "ya ha perdido eficacia como estructura literaria", señala Vega. "Esa dualidad, esa estructura bipolar fue el núcleo de nuestra literatura hasta tiempos recientes. Hoy la búsqueda se está definiendo", añade Vega quien considera que la literatura ha sido "el registro más fiel de estos 60 años".

"Los pueblos necesitan arte propio, y nuestra mejor literatura es una de las pocas artes en que el boricua puede asomarse a su realidad de forma genuina, sin interferencias extranjeras", opina López Nieves toda vez que lo contrasta con espacios como el cine donde no cree que sea posible, al menos no de modo masivo.

Entonces, en esto llevamos 60 años, entendiendo la hibridez como naturaleza y dándonos cuenta (casi como un mal chiste) de que en el mundo globalizado lo híbrido está más de moda que nunca. Pero, en la Isla, ¿aprovechamos la efeméride para mirar hacia dónde? ¿Cuál es el rol de nuestras instituciones culturales hoy que ha pasado más de medio siglo de este proceso histórico?

"El ICP cuando se funda sentó las bases para desarrollar el orgullo patrio", dice la directora actual del ICP Mercedes Gómez. "Pero tenemos que dejar de sentir que vivimos en el 50 y aceptar que el mundo evolucionó y que ya esas ideas están incompletas porque falta el puertorriqueño de hoy en el mundo de hoy", añade.

Pero puede que este rizo se encaracole más. "El gran problema del ICP es que define la cultura de manera estática", observa, por su parte, Reina.

Hay quien ve una salida en un repensar los parámetros del Estado en torno a lo que es cultura, a lo que se va a apoyar desde el Estado porque en la calle el espiral ha seguido su curso. Otros ven ventaja en la tensión; virtud en eso de cambiar de código, de ser de allá cuando conviene y de acá cuando apetece. Pero también puede ser una maldición como dice Reina, "si vives en la paranoia de que un lado se quiere comer al otro". Sin embargo, hay quienes encuentran una definición fuerte en esto de la ambigüedad, en que basta entender que toda mezcla es más espesa en algunas partes y más ligera en otras. Después de todo se trata de una Isla desbordada, con un estatus político tenso y desbordante en sí mismo y mucha gente siempre en tránsito. Siempre aquí y siempre allá.

Texto publicado en la edición del 25 de julio de 2012 de *El Nuevo Día*

JUAN FLORES: "EL DEBATE AÚN NO SE HA SUPERADO"

Barcelona- Habla con dos países en la voz, con un español cálido y rojo que se vuelve frío y azul con las erres suaves y esforzadas de los niuyorricans. Así también se habla "en puertorriqueño". Así habla el escritor y crítico literario Juan Flores, quien ha dedicado multiplicidad de cátedras y textos académicos a la experiencia de la diáspora boricua en Estados Unidos; una experiencia propia; una vida que necesitaba ser nombrada para que existiera.

Analizar el modo en que este resultado de los procesos políticos y sociales del país se ha manifestado en nuestra literatura y en el marco de los estudios culturales ha sido una de las aportaciones más importantes que Flores ha hecho al entendimiento de este proceso que comenzó con la migración –forzosa– de boricuas a Nueva York y posteriormente a otros estados. A más de cinco décadas de que estos iniciaran, se han reproducido con sus variantes en el resto de América Latina, Flores considera que el debate no está concluido.

"Todavía no hay marcos teóricos para entender, hay que inventarlos para poder hablar y conocer si la literatura de la diáspora es una mera excepción o rama de la literatura puertorriqueña, o si es algo completamente diferente o si es parte de la literatura norteamericana", expresa Juan Flores quien conversó con *El Nuevo Día* durante su participación en Barcelona como integrante de la delegación puertorriqueña que representó al País, quien era el invitado de honor en la Feria Internacional del Libro LIBER 2010 que la pasada semana se celebró en la ciudad mediterránea.

Flores participó de debates sobre bilingüismo y migración, entre otros temas, en los que quedó claro que independientemente de los encuentros y desencuentros que provoque el tema a estas alturas del partido, lo cierto es que la mayoría de los escritores participantes coincidió en que hablar de literatura puertorriqueña sin tomar en cuenta a la diáspora sería no sólo equivocado, sino injusto.

"Lo mío ha sido más sobre la literatura niuyorrican, es una historia conectada pero diferente con la literatura nacional de la Isla. Eso sí, no se puede desvincular de esa literatura aunque haya distancias geográficas porque la migración y la formación de comunidades boricuas en los Estados Unidos es parte de la historia de Puerto Rico", sentenció el profesor de la Universidad de Nueva York y autor del popular texto crítico "Bugalú y otros guisos" y "The Afro-latin@reader"; ambas publicaciones presentadas en el exhibidor de la Isla en LIBER.

"Pienso que ese debate no se ha superado. Sí hemos tenido un progreso porque al principio cuando empecé a publicar en Puerto Rico me consideraban un monstruo. Decían quién es este, que no es de aquí. Recuerdo una reseña muy ofensiva que Enrique Laguerre publicó en el periódico *El Mundo*, diciendo que yo no era puertorriqueño, siendo él la máxima autoridad en el momento. Ahora es distinto, ahora siento que me respetan y me dan un espacio", comentó Flores acerca de un proceso de integración en el que muchos boricuas que fueron a formarse en la academia estadounidense sirvieron de puente. "Ellos regresaban a la Isla con nuevas ideas y las sembraban allá desde adentro", explicó el ganador en dos ocasiones del prestigioso Premio Casa de las Américas, de Cuba.

Pero más allá del evidente interés en escudriñar un fenómeno social, Flores está muy claro en cuál es la necesidad de continuar indagando en estas manifestaciones culturales que cada día más se observan y encuentran sintonía en el resto del mundo. De hecho, curiosamente, en una de sus ponencias un chico que se describió a sí mismo como "casi casi irlandés", habló con dominio total –desde Barcelona– de los orígenes del hip hop y de los resultados de encuentros entre culturas décadas atrás en EE.UU.

"Hay que nombrar las cosas para darle visibilidad", apunta. "Estamos aquí en Barcelona y al igual que en el resto de Europa poco a poco van a tener que reconocer la existencia de negros en este país, algo que no se ha querido hacer por mucho tiempo. No pasa nada, se dice en la calle. Pero sí importa porque están aquí presentes", argumenta Flores quien, ante la idea que otros plantean de que nombrar grupos sociales es exacerbar y marcar aún más las diferencias, responde que: "No estamos inventando la división porque eso ya existe y no puede haber unidad sin reconocimiento de esas diferencias culturales y de raíces históricas. Y hay que hacerlo porque esa es la raíz de las discrepancias sociales. Todos sabemos que hay una correspondencia entre la pobreza y la negritud, algo que no quiere decir que no haya negros ricos y blancos pobres, pero existe una correlación".

"Insistimos en usar una palabra como latino con todo lo englobalizante que es. Tener una palabra así intenta borrar o no reconocer esas diferencias. Y de repente todos somos boricuas, la gran familia puertorriqueña. Y claro, no importan los nombres pero sí importa la pobreza", finaliza.

Texto publicado en la edición
del 5 de octubre de 2010 de *El Nuevo Día*

UNA ISLA, 78 IDENTIDADES

Hablar de una cultura de la fragmentación en Puerto Rico es decir poco. La isla entera es, de muchas maneras, una frontera. Y, precisamente, sus fronteras hoy día nos trascienden cada vez con más fuerza. Hay más personas que se identifican como puertorriqueños fuera de la isla que adentro y el huracán migratorio reciente (hace tiempo que dejó de ser una "ola migratoria") amenaza con convertir esa realidad en un asunto definitivo.

De alguna manera, el ser puertorriqueño es una idea que va abocada a convertirse en sinónimo de ser un ser fragmentado. Hay quienes argumentan que eso de la globalización y las identidades mixtas llegó a Puerto Rico mucho antes de que fuera tópico de debate mundial; otros, por el contrario, consideran que no existe tal cosa y que simplemente hay una identidad puertorriqueña que como tantas otras se nutre de multiplicidad de influencias. A eso podríamos añadir la percepción, del todo dividida, de que mientras algunos reclaman como puertorriqueños en igualdad de condiciones a aquellos que por causas históricas crecieron en los Estados Unidos pero se sienten más boricuas que cualquiera, hay quienes afirman que el deseo de identificarse como puertorriqueños no les dota de la misma identidad que la de aquellos que nacen en la isla, y en ella crecen. Y sobre ese debate se nos podría ir la vida, porque cada argumento nace con su contrario.

Este es apenas un ejemplo de la innumerable cantidad de temas en los que en este país no existe consenso. Y no se trata de acuerdos políticos o de ese tipo, sino de consensos básicos dentro de la historia y el imaginario colectivo de un país. Porque por ejemplo, en Puerto Rico no existe un consenso general sobre quiénes son nuestros próceres, a qué le llamamos puertorriqueño, unos creen que somos colonia, otros no lo creen, unos se sienten firmes en una identidad más vinculada con América Latina, otros, no miran hacia otra parte que no sea el norte. Unos hablan –la mayoría– únicamente español, otros ya comienzan a comunicarse mayormente en inglés. Y no puede ser de otra manera porque a estas alturas, Puerto Rico –aunque duela–es un país que muchas veces no sabe que es país; otras no quiere ser país y dentro del espacio de este archipiélago antillano que es nuestra patria hay muchísimas fronteras.

Uno de los asuntos del país que mejor evidencia esta cultura de la fragmentación, lo es un hecho altamente debatido en distintos momentos de nuestra historia. ¿Por qué en un espacio territorial como este –redondeado a 100 x 35– existen 78 municipios? ¿Hay demasiado pueblo y poca tierra? ¿Mucho cacique y poco indio? No es tan simple como suena.

Distintas administraciones han buscado profundizar en este tema, se trabajó incluso una reforma municipal en detalle. Sin embargo, ninguno de estos esfuerzos ha prosperado y las razones son tan diversas como profundas.

Por un lado, una lectura fácil sería decir que en un país donde no hay un control ulterior de la toma de decisiones a nivel internacional debido a nuestro estatus político, lo lógico sería que a falta de poder en las altas esferas, se afiance el poder inmediato. Pero, en efecto, hay mucho más allá. ¿Verdaderamente hay demasiados? ¿Tienen los gobiernos municipales verdaderamente más poder que el gobierno central? ¿Cambiará esto alguna vez? ¿Es cierto ese entendido general de que sin los alcaldes no se ganan elecciones? Sin duda, son preguntas abiertas. Muchas de ellas con respuestas más que claras. Porque por ejemplo, no es un secreto el hecho de que este tema de los 78 municipios es un asunto cultural, emocional y social que incide directamente con la eficiencia administrativa del aparato gubernamental en menor y mayor escala en Puerto Rico.

Más de una raíz

El historiador Pedro Reina apunta que podrían explorarse varias raíces. Por un lado, la histórica, que tiene que ver con el hecho de que la isla como tal primero fue poblada en sus llanos costeros y litorales y posteriormente, creció la población en el interior montañoso de manera gradual hasta la llegada, en el siglo XIX, de la industria del café, que fue el motor económico que generó el poblamiento del interior montañoso. "La organización en 78 municipios como unidades políticas respondió a un afán de control político del espacio geográfico completo. Diría que a lo largo del siglo XX los partidos se organizaron de esa manera, con estructuras partidistas que permitían la movilización y justificaba que el espacio geográfico se fragmentara a ese nivel. Lógicamente, eso no explica el origen de cada barrio, cada uno responde a su realidad", observa Reina para quien durante ese periodo del siglo pasado fragmentar y organizar fue la consigna.

Por su parte, el profesor universitario y experto en el tema tanto de la reforma municipal como de la historia de los municipios y barrios de Puerto Rico, Rafael Torrech, añade en ese sentido que no se debe olvidar que Puerto Rico «fue un país rural hasta el siglo XVIII; las grandes ciudades son un fenómeno del siglo XIX".

"El movimiento de creación de municipios es de abajo para arriba y se crea por necesidad, cuando empiezan a emerger los albores de un precapitalismo, de una clase media obrera que le dé apoyo a unas operaciones que no son de subsistencia en sí", explica toda vez que invita a recordar que este desarrollo tuvo que ver sobre todo con el organigrama necesario para la recaudación de impuestos.

"El proceso contributivo es importante y para eso se nombran alcaldes de barrio, son intermediarios. Se ocupan de mantener todo tranquilo en el barrio e informar lo menos posible... de alguna manera eran vistos como monitores", señala Torrech quien sobre todo vincula esto al hecho de que a cambio de defender los intereses del gobierno central "se acumuló una gran cantidad de poder, ahí viene el caciquismo. Los españoles no fomentaron el nombramiento de puertorriqueños a puestos públicos, casi todos eran españoles sumamente curruptos".

De ahí que se considere que en Puerto Rico no había espacios de cogobierno y participación, y el hecho de ser alcalde o comisario de barrio se convierte en una de las pocas áreas en las que era posible participar del gobierno de la isla. "Ahí, el ser alcalde se convierte en un instrumento de poder local que se presta para el caciquismo, que se define como un gobierno de influencias donde se toman decisiones políticas, sociales y económicas en interés de las grandes influencias y no de los residentes. El cacique es un instrumento y la política en España de la restauración de la colonia es una política del caciquismo", analiza Torrech.

Otro aspecto destacable es que el aumento en el número de municipios en Puerto Rico estuvo, además, directamente relacionado con el vertiginoso aumento poblacional que se vivió en Puerto Rico en ese periodo histórico. "Estamos hablando de ir de 100 mil habitantes a un millón".

La insuficiencia de la geografía

Si bien es cierto que el conocimiento de los geógrafos es vital para entender los territorios, también lo es el que el horizonte muchas veces depende del ojo que lo mire. Hay naturalmente una sociología del espacio que habitamos y el imaginario de la distancia tiene poco que ver con el espacio físico.

El profesor Reina lo experimentó precisamente cuando durante un periodo dictó cursos en Fajardo. Recuerda que en alguna ocasión se le ocurrió preguntar a sus alumnos –de nivel universitario– cuántos habían ido alguna vez a San Juan. Para su sorpresa, la mayoría nunca había estado en la capital. De manera que hablar del Morro, del Capitolio y de las zonas históricas del área metropolitana era irremediablemente hablar de una abstracción.

Por lo mismo, no es de extrañar que para muchos en Puerto Rico, Nueva York sea más cerca dentro de su imaginario que, digamos, Haití o Jamaica. Una reflexión que invita a pensar en la posibilidad –y esto es sólo una suposición y una invitación a la reflexión– de que para muchos la existencia de 78 municipios sea, entre tantas cosas, una manera de agrandar el espacio físico de la isla. Pero, claro, eso bien podría ser simplemente rizar el rizo.

Lo que sí es constatable es que de esa relación distante que existe entre muchos pueblos, y de realidades como el hecho de que viviendo en esta Isla muchas personas nunca han visto el mar, se puede observar cuán profundo verdaderamente puede penetrar el estado en su territorio.

Reina comenta al respecto citando al historiador Fernando Picó: "él ha dicho que la presencia del estado entre en la vida de los puertorriqueños siempre ha sido muy débil y a eso uno podría agregar que, a mayor distancia de San Juan y de la isleta de San Juan menor presencia del estado. Por lo tanto, la Isla se organizó desde una perspectiva de la

autogestión porque la gente que se ubicaba tenían que pro-
veerse su propio sustento, se dedicaban al contrabando, a
la agricultura, a la ganadería y eso produjo una geografía
con muchas unidades".

Sin embargo, esto no significa que en todos los muni-
cipios se ejerza más poder que el que emana del estado.
"Siempre hay municipios pobres y otros ricos", recuerda
Reina.

Pero más allá de esto, que sin lugar a dudas, es un cons-
tructo tanto de nuestra historia como de nuestra cultura
política, lo cierto es que en medio de una crisis económica
como la presente es justo reflexionar sobre todo acerca del
tema de la eficiencia en todos los aspectos de nuestro universo administrativo.

"Entre las cosas más concretas que se desprenden de
esto primero está el que se subordina al país a una estructura ineficiente y eso determina en una medida la cultura
cívica que puede ser detrimental para el gobierno. Algunos
servicios pueden no estar disponibles y entre las cosas menos concretas, los puertorriqueños somos leales a los lugares donde nacimos, y establecemos unas relaciones entra-
ñables con esos espacios, con sus costumbres, tradiciones.
Esta es una isla de contrastes, a pesar de que es pequeña,
las diferencias en los lugares de origen son enormes. Por
ejemplo los que nos llamamos sanjuaneros tenemos muchas veces una actitud bastante condescendiente con los
residentes de la isla", reflexiona Reina para quien de otra
parte esa fragmentación fue útil sobre todo en la segunda
mitad del siglo XX para adelantar una idea de abundancia.
"Se podía repartir a través de los municipios. Esa fragmentación ha servido al poder político, sirvió al poder colonial
y sirve para movilizar gente en el plano político", añade.

Ambos –y con ellos coinciden muchísimas voces dentro
del escenario público– reconocen que si bien hay una irra-
cionalidad administrativa, también es muy poco probable

que se supere la resistencia a pensar el país dentro de un panorama municipal distinto. Sobre todo porque hay un acercamiento muy emocional al debate.

"Hay unas secciones en la ley de municipios autónomos que abordan racionalmente el asunto, sobre todo con relación a los barrios pero nunca se implementaron... En Estados Unidos, por ejemplo, los alcaldes en muchos lugares no lo son a tiempo completo. Tienen un administrador de la ciudad y el alcalde es casi un título honorario. En Puerto Rico el alcalde tiene que crear toda una infraestructura", señala Torrech quien le apuesta a la posibilidad de atender problemas regionalmente como se pensó en la época del fenecido alcalde cagüeño Willie Miranda Marín.

Después de todo, uno de los principales problemas termina siendo la duplicidad de esfuerzos. "Esa repetición es lo que hace que los municipios no sean viables. Muchas de estas estructuras hubo que crearlas en los 60 porque eran requerimiento para recibir fondos federales. También la burocratización fue un producto de la necesidad de crear empleos en esa década", explica.

Sin embargo, dentro de todo hay un aspecto que complica y profundiza este debate y es el hecho de que en cada pueblo hay un sentido de identidad muy profundo. "Y eso es algo muy bueno, ese sentido de identidad, pero en términos económicos no es viable. El problema es la gerencia, no se justifican 78 administraciones municipales. No se suprimirán los municipios, eso es una cosa muy emocional, pero se puede consolidar su administración", afirmó Torrech.

¿Hacia dónde va a encaminarse este debate? La dirección es evidente. ¿Qué resultará de ese esfuerzo? Sin duda, la respuesta a esa pregunta es una seña más de nuestra identidad.

Publicado en la edición del 7 de septiembre de 2014 de la revista digital *Lapicero Verde*

EL DÍA EN QUE CAYÓ NIEVE EN SAN JUAN

D esde la distancia que hay entre el suelo del atrio central de Plaza Las Américas y la palmera que casi alcanza el techo altísimo pareciera como si el trópico se hubiese confundido y la palma falsa y la nieve que no es nieve, fueran en realidad una imagen sacada de un cuento en el que en el Caribe cae nieve y a las palmas se les congelan los cocos.

Pero ahí está la espuma –¿o la nieve?– y la gente la mira caer y sonríe y se les llenan los cabellos de manchitas blancas y la palma se llena también y uno no sabe si está en San Juan, en Nueva York o en un lugar que no existe pero –con todo y el plástico– parece tan real. Será la espuma que tanto nos rodea de tanto mar.

Son casi las 11:00 a.m. de un día de semana en Plaza Las Américas y todo tipo de persona ha llegado a tiempo para ver la nieve caer. Cae sobre una alfombra roja en la cual la gente se sienta como en un parque. Esa frase, "como si fuera tal cosa", "como si..." de pronto se siente muy viva en este lugar, casi tanto como se siente viva Felisa Rincón de Gautier, doña Fela, la alcaldesa que durante tres años (1952, 1953 y 1954) trajo la nieve a San Juan para los que nunca la habían visto. Eso sí, nieve real y al aire libre. No cayó más nieve en San Juan hasta que en Plaza Las Américas comenzó a salir espuma del techo en el 2004.

En una esquina del atrio central una madre lacta a su bebé, luego de haberse tomado varias fotos niña en brazos frente al nacimiento en uno de los pasillos. Varios niños sentados en la alfombra dibujan con crayolas y señores mayores ocupan los pocos banquitos que hay disponibles. Se escucha ese sonido neutral que llena el espacio cuando mucha gente habla a la vez, aunque en este lugar la mayoría lo hace por celular, caminado a prisa, hablando sin estar. También se escucha el sonido de la cinta adhesiva cuando se corta y del papel de regalo cuando se dobla. Proviene de un pequeño establecimiento en el medio del pasillo donde muchachas envuelven regalos y pegan lazos para que los objetos que se regalan tengan un poquito de la mística de la sorpresa. Para que se vean "como si..." llegaran de algún lugar donde hay algo de magia.

Por los pasillos no cae nieve. Andan todavía por allí algunos de los caminantes de plaza. También están los que vienen a diario a encontrarse en los sitios de comida, o simplemente a mirar la gente pasar. Otros tienen más prisa, como los empleados que cuentan que deben llegar dos horas antes para conseguir estacionamiento, particularmente en esta época en la que el lugar que semanalmente recibe medio millón de visitantes en Navidad hace el 25% de sus ventas anuales.

Ya casi son las 11:00 en punto y la nieve va a caer. En la alfombra esperan ansiosos los integrantes de la clase de vida independiente del Instituto Psicopedagógico de Bayamón. Son poco más de veinte adultos con distintos tipos de condiciones. Oscilan entre los 28 y los 68 años, pero en sus rostros ha quedado fija para siempre la gestualidad de los niños. Esperan la caída de la "nieve" mirando de vez en cuando hacia arriba. Es el segundo año que escogen, como actividad de fin de semestre, venir a Plaza Las Américas.

Y uno se pregunta, por qué no ir a un parque, al Morro, a un museo... ¿por qué ir a ver nieve que no es nieve en un país tropical? Pero todo eso suena pretencioso cuando la maestra que los acompaña, Olga Ortiz, lo explica, y lo que hay que preguntarse es quién es nadie para cuestionar lo que a otro le provoca ilusión, así sea una ilusión prefabricada.

La maestra dice que para ellos es una experiencia diferente, que nunca salen a un centro comercial, que les fascina ver tantas cosas en las tiendas, que se sienten como uno más y que a la hora de comer quedan fascinados con la diversidad de alternativas. Mientras hablamos empiezan a caer los copitos espumosos y ellos los agarran y se los muestran unos a otros antes de que se les deshagan entre las manos. Como dice el poeta brasileño Vinícius de Moraes son, como tantas cosas que nos hacen sonreír, infinitos en cuanto duran.

Los que caminan por los pasillos, entrando y saliendo de las tiendas –qué curiosos se ven los señores cargando con bolsas de Pandora– no se enteran de la nevada. Carga una bolsa, no sé bien de qué, un hombre con rostro familiar. Es Chemo Soto –el legendario exalcalde de Canóvanas inolvidable en sus cacerías y esfuerzos por atrapar el Chupacabras– que va vestido con una camiseta color rosa brillante. Saluda y sonríe con esa sonrisa fija de los políticos.

En otra esquina, dos niñas casi parecen salir de un baño de espumas y un niño corre a donde su papá a mostrarle la nieve cálida que logró atrapar con sus manos. Una mujer cuenta que pidió el día libre en el trabajo para venir, desde Humacao, a llevar a sus hijas a ver la nieve. Ella vivió en EE.UU. y conoce bien lo que es la nieve. "Pero ellas no", dice mientras las niñas se alejan de la conversación para seguir esperando que algo les caiga del cielo.

El bullicio de los pasillos lo interrumpe la voz de Berenice Albino, una mujer rubia de sonrisa espontánea que recauda fondos para el Hospital del Niño. Pregona cosas como: "vamos, cooperemos", "ayuda a un niño", "viene, responsabilidad social". Uno la escucha y tiene fe de que alguien más adelante pregonará que se venden higos y dulces de coco, pero estamos en Plaza y aunque hay un espacio que imita una placita del mercado, el aire acondicionado no es amigo de los pregones. Berenice y Joshua Robles recaudan fondos para el hospital, del mismo modo que los pregoneros del Salvation Army lo hacen con sus cubos y campanas rojas a las entradas del centro comercial.

Joshua cuenta que todos los días una señora viene a verlo y baila con él en medio del pasillo y Berenice asegura que este año la gente esta "un poquito menos cooperadora" que antes. Cuentan que la gente cada día va más ensimismada y al quedarse un rato con ellos se ve cómo poco a poco la gente pasa y de veras son muy pocos los ojos que se encuentran con otros ojos y no los esquivan.

Don José Luis Martínez sí te mira a los ojos. Natural de Coamo y residente de Río Piedras, viene a Plaza casi a diario y espera sentado en el redondel de la fuente más vieja –donde ahora hay un árbol de Navidad con luces que bailan al son de la música navideña– mientras su hija hace diligencias. Me dice que tiene 40 años con una sonrisa juguetona, pero que lo multiplique por dos y le sume 13. Suman noventa y tres sus cumpleaños y tiene energía para repartir. Cuenta que viene todas las veces que puede porque se entretiene muchísimo, habla con la gente y no se queda en la casa "embotao". Uno lo escucha y queda claro que la quietud es una forma de empezar a morirse. Pero él no anda quieto, anda bien vestido y peinado y cuenta que las muchachas de los negocios le tiran sus besitos. Sentado allí recibe visitas, gente que lo conoce lo saluda y le preguntan cuanta cosa. "¿Te veré mañana aquí?", pregunta con más ganas de hablar y te deja con la sensación de que sales de la sala de su casa.

Parece poco, pero los quince o veinte minutos que dura la nevada se sienten como un invierno tropical donde cae nieve y se derrite rápido, pero pasan los años y todo el mundo lo recuerda. Y suenan canciones navideñas, y sigue cayendo la nieve, y la gente sigue mirando hacia arriba y los que pasan por los pasillos miran también. Dos o tres observan escépticos mientras bajan por las escaleras eléctricas haciendo gestos de desaprobación. Pasan los minutos y no cae más nieve, ni más espuma, ni nada de eso. La gente empieza a dispersarse y la alfombra roja queda cada vez más vacía. Al salir te tocas el pelo y hay algunas zonas mojadas. Queda rastro de la espuma.

Publicado en la edición del 21 de diciembre de 2013 de *El Nuevo Día*

LA MANCHA QUE NOS UNE

Mata de plátano, a ti,
a ti te debo la mancha
que ni el jabón ni la plancha
quitan de encima de mí.
Desque jíbaro nací
al aire llevo el tesoro
de tu racimo de oro
y tu hoja verde y ancha;
Llevaré siempre la mancha
por secula seculorum.
La mancha de plátano
                        Luis Lloréns Torres

Cuando la recién electa alcaldesa de San Juan Carmen Yulín Cruz fue a celebrar su triunfo en la plaza del mercado de Santurce, los placeros le obsequiaron a su entrada un generoso racimo de plátanos verdes y robustos que la menuda mujer elevó por unos instantes como símbolo de agradecimiento y como gesto de la autoridad noble que da la tierra.

Yulín es soberanista, lo que, en un vocabulario menos político y más simbólico, sería lo mismo que decir que su mancha de plátano está –quizás– un poco más expuesta. El poeta Luis Lloréns Torres así lo estableció, casi como un conjuro, en su poema "La mancha de plátano", con el que dejó en nuestra memoria colectiva y en esa frase que todos conocen la noción de que la identidad puertorriqueña está irremediablemente ligada a la idea de una mancha que nada en la tierra puede eliminar.

No hay blanqueador que pueda con ella. No hay lavado posible. Después de todo, la historia del país explica con muy poco esfuerzo la metáfora. Estamos ante una isla que por mucho tiempo fue intervenida culturalmente, con un idioma vernáculo amenazado y una identidad híbrida que se ha ido cuajando a fuerza de las tensiones que surgen de la ambigüedad.

Por eso no es de extrañar que más de uno llame orgulloso a un lunar particular "su mancha de plátano", su marca de nacimiento, su recordatorio físico de ser y estar, de pertenecer a esta cultura.

Igualmente, por eso no ha de extrañar que a lo largo de la historia de nuestra plástica hayan sido muchos –y continúan siendo– los artistas que han encontrado en la representación visual del plátano una manera idónea para establecer un comentario sobre nuestra realidad. Lo interesante, además, es que es algo que ha sucedido en distintos y distantes momentos históricos.

De modo que, al momento de replantearse la exhibición de la colección permanente del Museo de Arte de Puerto Rico (MAPR), su curador, Juan Carlos López Quintero, encuentre en estas obras un argumento plástico que, literalmente, merece una sala aparte. Así nació, en el marco de *Interconexiones: lecturas curatoriales de la colección del MAPR*, una de las salas que integra la exhibición y que lleva por título *Plátano Pride: orgullo y desafío*.

En dicho espacio se presenta una selección de seis obras icónicas en las que, desde la figura del plátano, se le presenta al espectador una mirada a temas vinculados con la puertorriqueñidad como la masculinidad, la identidad nacional, las nuevas maneras de ser boricua desde la diáspora, los valores trastocados, el pasado campesino y, como expresa el título, el orgullo y el desafío que implica, tanto dentro como fuera de la isla, el asumir la mancha de plátano, la identidad colectiva que no es más que una gran suma de identidades mixtas.

"Esas dos palabras (orgullo y desafío) resumen en términos simbólicos lo que ha sido y lo que será este ícono de algo básico, que ha estado siempre presente en la dieta básica de todo puertorriqueño. Ha sido un desafío cultural histórico y, en términos simbólicos, es una manera de hablar del desafío que tiene todo país latinoamericano en este siglo XXI", señala el curador, para quien reflexionar sobre un "elemento iconográfico tan sencillo y tan obvio representó una puerta de entrada a una tradición artística en el país de reflexionar sobre eso".

Igualmente, aunque reconoce que tiene notables raíces con el resto de América Latina, sin duda, encontró que, si bien se observa en otras manifestaciones plásticas, "nunca lo había visto yo con tal frecuencia en épocas y a lo largo de la historia como en el caso de Puerto Rico".

Del campo a la gringomatic

La presencia de la imagen es contundente, de manera que la selección de las piezas se enfocó en los argumentos más prominentes que han surgido alrededor del plátano. Obras como "El pan nuestro de cada día" de Víctor Vázquez o "Plátano Pride" de Miguel Luciano –la primera dialoga con la emblemática pintura de un jíbaro de Ramón Frade y la segunda reflexiona en torno al imaginario del reguetón– son dos maneras de plantear vertientes de la masculinidad puertorriqueña, entre otras interpretaciones. Igualmente, con obras como "Esa mancha 'e plátano" de Carlos Dávila Rinaldi, donde vemos a una gringomatic tratando de lavar la mancha que no sale, y "La transculturación del puertorriqueño" de Carlos Irizarry, se establece el tema de la identidad. "Con eso viene, por ejemplo, la necesidad de Francisco Oller de dedicar siete naturalezas muertas al plátano", expone López Quintero, para quien era importante ir más allá de Frade, figura clave dentro de este discurso.

Obras como la de José Morales, donde el plátano se nos va desdibujando, o como el vídeo arte donde vemos a un joven boxeando con una pámpana, nos adentran en imaginarios en torno al plátano que nos proponen una mirada de lucha contra los estereotipos e, incluso, con las identidades que se desdibujan o, simplemente, caen.

"El título de la sala también remite a la idea de que son dos palabras que resumen un poco lo que ha sido y será este ícono. En términos simbólicos, tiene que ver con la identidad, con algo que ha estado siempre en la dieta básica de todo puertorriqueño. Pero a su vez, es un desafío cultural ese orgullo que implica... En el caso de Puerto Rico, es muy de aquí y lo vemos en cómo Oller y José Campeche traen el tema desde muy temprano", añade López Quintero.

Entonces plátano y hambre, manchas e identidades, una imagen y múltiples historias, son todas, de consumo nacional y hechas en Puerto Rico.

Publicado en la edición del 24
de diciembre de 2012 de *El Nuevo Día*

TRAS LOS PASOS DE *SIMONE*

Hay libros que se escriben caminando. Con los pasos que da del cuerpo, poco a poco se van andando los imperceptibles pasos de la mente. Hasta que llega el turno de las palabras y el camino andado en la cabeza se desanda a sí mismo en una hoja de papel, en un teclado.

Eduardo Lalo lleva años escribiendo libros a pie. Recorriendo la ciudad de San Juan, con sus aceras rotas, sus alcantarillas a veces rebosantes de restos de comida, con el calor húmedo del Caribe, con las raíces de los árboles que recuperan su espacio por debajo del asfalto. También, sobre todo en junio, bajo la esporádica sombra rosada de algún árbol de acacia o la naranja serenidad de un flamboyán. No es perfecta, pero es suya. La ha hecho suya. La ha reclamado de la forma más humana en que se puede ocupar un espacio: recorriéndolo. Quizás, en parte, porque como lee una cita de su novela ganadora del Premio Rómulo Gallegos, *Simone*, el escritor es un atleta de la derrota.

Hace un año Eduardo Lalo obtuvo el reconocimiento literario de mayor proyección internacional que un escritor puertorriqueño haya obtenido, por tratarse de uno de los premios principales y más grandes del mundo de las letras hispanas. Desde entonces su caminar lo ha llevado a recorrer nuevas ciudades, 14 viajes en un año. El 6 de junio del año pasado nos enteramos de la noticia y un año después regresamos a algunas de las calles y lugares de San Juan que figuran en la novela que, entre muchas cosas, es un retrato detallado y preciso del Puerto Rico contemporáneo.

1. La Avenida Esmeralda

«Una noche, luego de vagar por horas, con hambre, estacioné el auto frente a un restaurante chino de la avenida Esmeralda. Había otros locales de comida en la zona, pero no podía sufrir la soledad en una mesa, leer la carta y esperar a que el mozo me atendiera. Los restaurantes chinos proveían la versión criolla de una comida rápida y solitaria. El de la avenida Esmeralda era como cualquier otro: mesas con topes de formica, techos falsos, neones, el pequeño altar plástico detrás del mostrador, con un falso palillo de incienso coronado por una bombilla roja que pretendía eternizar la ofrenda».

Fragmento de *Simone*

Son las cuatro de la tarde de un jueves en la avenida Esmeralda de Guaynabo. Salvo la luz de la tarde, que comienza lentamente su caída hacia la noche y tal vez dos o tres instantes de brisa, no hay mayor belleza. El escritor Eduardo Lalo camina por esas aceras incómodas y por los pedazos de ciudad que se comparten –casi como un atrevimiento– con los carros que entran y salen de los negocios. Los hay de todo tipo: lavanderías, un video club que aún sobrevive, restaurantes, oficinas de médicos, de abogados, un veterinario, una agencia hípica y unas cuantas boutiques. Todos con sus estacionamientos en frente, eliminando así cualquier oportunidad para el peatón. Entre el entra y sale de carros, pasamos frente a dos de los resturantes chinos de esa avenida, los mismos que visitó el protagonista de *Simone*. Lugares que tanta gente transita a diario y que no vemos de manera consistente en el cine y la literatura.

«Este lugar feo ha sido mi mundo», dice Lalo toda vez que recuerda que calles como esta forman parte del proyecto de expansión de San Juan más allá de Santurce, que comenzó en los 50 y que hoy día está repleto de proyectos a medio construir, de casas con extraños injertos (apartamentos, marquesinas convertidas en cuidos de niños, etc.) que provocan la sensación de una arquitectura interrumpida o envejecida porque, como dice el autor, no debe olvidarse que "las ruinas también envejecen".

«Son horrores a medio construir, proyectos inconclusos, la idea de que aquí no hay que hacerlo bien porque nos vamos pero habemos muchos que no nos queremos ir o que no nos podemos ir». De ahí que caminar estos espacios, que cuando cae la noche van muriendo poco a poco hasta quedar desiertos del todo, le parezca una manera de "validar la vida, porque aunque la muerte reine aquí vivimos personas".

Caminamos un poco más y poco a poco se va adhiriendo al cuerpo esa sensación de aire sucio que se queda pegada en la piel, hay que mirar al suelo con mucha regularidad, hay piedras y charcos de aguas sucias que la gente que entra y sale del aire acondicionado de sus carros al de los negocios no parece notar. Así vivimos, de burbuja helada en burbuja helada.

Lalo me dice que es cierto, que hay un estado mental en el caminar que te vuelve más receptivo al mundo, casi una meditación. Recuerda que tras saberse ganador del premio, caminó por Río Piedras, en los alrededores de la Universidad de Puerto Rico, esa zona que tanto se ha tratado de revitalizar pero siempre queda tan de espaldas a la vida universitaria.

«Caminé como tantas veces lo había hecho, absorbiendo esa realidad pequeña, sucia, de mal olor pero sabiendo que ese es mi mundo y es un centro del universo como cualquier otro. Y en ese momento con una particular sensación de felicidad porque sabía que de alguna manera el premio reivindicaba ese mundo, la gente de ese mundo y la cultura de ese mundo".

De estas calles nunca se ha ido, pero volver a ellas tras la notoriedad que ha alcanzado le provoca sobre todo la emoción de reivindicar el espacio, de afirmar que en nosotros también está todo el universo, que hay que redefinir lo que es un universo literario y que «en estas calles cabe toda la sabiduría de la humanidad, si uno llega a ella».

2. Grandma's Attic

"Pasaron muchos días hasta que bajo el limpiaparabrisas apareció un sobre. Abrí el papel sin rayas, doblado varias veces. Un poco más arriba del centro, en una letra minúscula y perfecta y, por tanto, no con las mayúsculas torpes que se iban en pendiente, estaba el mensaje: 'No te has enterado de nada. Calle Pointcaré. Grandma's Attic. Búscame hasta encontrarme. S.W."

Fragmento de *Simone*

Eran poco más de las seis de la tarde cuando llegamos a la calle Pointcaré, cerca de la avenida de Diego, cerca de la Alianza Francesa. «Un poco más adelante di con una vieja casa de madera con techos de cinc. Sobre la entrada, un letrero crudo tenía dos palabras: Grandma›s Attic. El balcón estaba repleto de cachivaches y sillas viejas. Era una tienda de antigüedades». Eso fue lo que vio el personaje principal de *Simone* al llegar a este lugar que hace ya unos años está cerrado. No hay allí muebles, vajillas, adornos de cristal, mantelería o instrumentos de música como el personaje encuentra en la novela.

A la sombra de un árbol de mangó queda la casona azul envejecida y abandonada, algunos muebles olvidados de madera en el balcón y los letreros que con poco esfuerzo se leen del todo, se confunden con un padrino de Coca Cola vacío, hojas y rastros de otro tiempo. Hace años Lalo visitaba ese lugar de vez en cuando, más a curiosear que a otra cosa, aunque la aparición de sus siempre adoradas plumas fuentes solían ser el hallazgo que generara alguna compra. De cuando el lugar estaba funcionando recuerda las sillas viejas que siempre llamaron su atención y que nunca pudo comprar. Nunca pensó en novelar el espacio, simplemente sucedió. Visitar el lugar era simplemente parte "de habitar la ciudad", de vivirla.

Nos sentamos en un muro que rodea la casona y allí me habló de la maravilla de pasar por los recovecos que había en esa tienda, de la noción de que el gozo de las cosas está en lo sencillo y de cómo los objetos y la memoria te atrapan en las calles y van cubriéndote.

Para Lalo, «no hay nada mejor que unos zapatos viejos» y hay objetos cuya factura es muy noble y el paso del tiempo los embellece. Pero hoy día la mayoría de los objetos duran poco en nuestras manos, la nostalgia suele prefabricarse y es más importante sustituir que conservar. «La cultura de consumo le tiene terror al pasado, y eso es una forma de empobrecimiento de la vida humana. Se enriquecen los objetos, no necesariamente las vidas... Más vale acumular o sustituir que verdaderamente usar las cosas».

La brisa de esa tarde era perfecta. La gente paseaba sus perros. La luz llegó a su punto preciso. No hay nadie ya allí, pero pasada por el filtro de la literatura, Grandma›s Attic me parece más real en las palabras que viéndola allí de frente.

3. Avenida Ponce de León

Mismo lugar, un año después de la primera vez que hablamos de *Simone*. Estamos en Libros AC en Santurce. Con la última luz que quedaba caminamos un mínimo trecho de la avenida Ponce de León. Ya iban cerrando los negocios. Se escuchaba el ruido de las guaguas de la AMA, los carros, las entradas y las salidas, el sonido abrumador de la aspiradora que un hombre pasa en las alfombras del vestíbulo de un banco. Hablamos de la pasividad con la que se vive, del encierro en parte como reflejo de la economía y en parte como un paradigma de que la vida se hace hacia el interior de las casas, con un televisor grandote que nos ocupe toda la mirada.

Ha viajado, ha llegado esa forma de la fama que experimentan en vida algunos escritores, pero Eduardo Lalo me parece el mismo hombre, un poco introvertido, de hablar sereno pero fuerte y de palabras densas, con el que hablé hace un año. Es consciente de que los laureles son efímeros y también de que, aunque no quiere representar a nadie salvo a sí mismo, la dimensión internacional del premio y su discurso de aceptación "El hermoso hoy", se han convertido en voz para el país. Esta experiencia ya lo trasciende.

«Uno puede usar la notoriedad para regodearse en sí mismo, en su ego, en su creimiento, pensar que eso tiene valor pero en realidad se trata de oportunidades de hacer otras cosas. Ha sido importante para mí trabajar en la campaña a favor de la excarcelación de Oscar López, tratar de defender mínimanente nuestra cultura desde la junta del ICP, escribir de las cosas que me interesan, que me convoquen para hablar de cosas importantes, eso sí me interesa. Y la realidad es que probablemente, yo siendo la misma persona, mis libros iguales, sin el premio, nada de esto hubiese pasado».

También ha venido lo obvio, el tropel de ofertas de los más grandes agentes literarios del mundo, las mismas que ha rechazado porque sigue creyendo en una cierta ética en el mundo de la literatura.

¿El diploma del premio? Sobre un librero, cogiendo polvo. «Y allí se va a quedar, porque eso no es lo importante... yo prefiero irme a mi casa, a vivir toda mi vida de manera privada, salir a caminar por estas calles que hemos recorrido, regresar a leer y a escribir y sentir la noche».

Son más de las 8:30 p.m. y cada cual coge su rumbo. Entro al carro, regreso al aire acondicionado pero queda en el cuerpo la suciedad salada de la calle. Como si esa tarde hubiese estado más viva.

Publicado en la edición del
14 de junio de 2014 de *El Nuevo Día*

SANTA CLÓ VIVE EN LA CUCHILLA

Un niño creyó que era "el año viejo colorao" y, al verlo, la gente del barrio La Cuchilla gritó despavorida "¡Conjurao sea! ¡Si es el mesmo demonio jablando en americano!"

Así pasó en el cuento de Abelardo Díaz Alfaro "Santa Clo va a La Cuchilla", en el que este personaje se presenta como una cosa extraña, ajena e indeseable en un barrio en el que jamás se había visto un hombre gordo vestido de rojo cargando un saco de regalos. Hasta el momento todo era aguinaldos, todo era Reyes Magos.

El cuento, publicado en la colección de relatos *Terrazo* (1947), se ubica aproximadamente a principios de los años veinte y retrata el conflicto entre el progreso visto como todo aquello procedente de los Estados Unidos y el atraso vinculado al mundo rural y a la tradición.

Pero del nacimiento del Estado Libre Asociado ya han pasado 60 años y, del periodo que retrata el cuento, unas cuantas décadas más. La isla no es la misma y Santa Claus ya no es un personaje extraño y abominable, es el viejito simpático al que la mayoría de nuestros niños le piden sus deseos en Navidad, es el señor de barbas blancas que alimenta la ilusión de la mayor parte de la población. Pues, si bien es cierto que hay muchas familias para quienes quien llega el día de Nochebuena es el Niñito Jesús, para muchas otras es Santa Claus, un asistente del Niño Jesús que es pequeño y no puede con tantas cosas.

La cuestión es que este personaje se ha insertado en nuestra cultura y forma parte integral ya del modo en que los puertorriqueños celebran la Navidad. Sea por vía del comercio y la publicidad, sea porque se trata de un personaje mundialmente conocido o sea por el evidente tema de los vínculos políticos que nos atan a los Estados Unidos y sus tradiciones, la realidad es que –incomode o no- es una presencia que no se puede ignorar.

Para muestra, esta escena. Un niño de unos seis años me mira como buscando mi aprobación. Grita: ¡Santa! ¡Santa! Estamos en Plaza Las Américas, cae la nieve de espuma y padres y abuelos esperan su turno para tomarse su foto con Santa Claus, que de veras se parece a la imagen más tradicional del hombre viejito, de espejuelos finos y barba frondosa que mira con ternura. Santa carga un bebé, pero el niño a mi lado insiste. ¡Santa! Al segundo Santa lo mira y lo saluda. El niño me mira con los ojos más grandes del mundo. ¡Me miró!, dice emocionado y se pierde en el pasillo del centro comercial contándole a su madre una vez más que Santa lo miró por un par de segundos.

Eso en cualquier liga se llama ilusión y cuando un personaje cala así de hondo en una sociedad hay que prestar atención, sobre todo a de qué manera nuestra cultura se ha apropiado de esta tradición heredada o ¿por qué camellos y venados conviven felices en una estampa navideña ignorando las lógicas de la nieve y el desierto?

Exotismo y publicidad

A juicio del profesor de la Escuela de Comunicaciones de la Universidad de Puerto Rico, José Rivera, en un principio este personaje se percibió como una figura exótica, con una vestimenta inusual para un país tropical, con renos y trineos y una serie de costumbres particulares que resultaban muy llamativas. "Ese exotismo sumado al deseo de aspirar a algo distinto como una noción de progreso lo hizo atractivo", expone el académico experto en temas vinculados a la televisión, la publicidad y sus productos culturales.

A esto, se añaden tres aspectos importantes que, a su juicio, abonaron al proceso de afianzar la tradición en el país. Por un lado, la aparición de grandes cadenas estadounidenses cuya publicidad –particularmente el catálogo de la tienda Sears– y vitrinas presentaban el personaje como símbolo de la época festiva, la presencia masiva en la televisión con la aparición de películas como *Miracle on 34th Street* en el canal 6, entre otras, y el hecho de que es una tradición que no necesariamente se vincula tan directamente con un credo religioso como es el caso de los Reyes Magos, cuya raíz católica es clara.

"Santa Claus vino a llenar un vacío en cuanto a imaginarios de la Navidad para los no católicos", señala Rivera.

"Nos vimos inundados por la televisión estadounidense, vimos la Parada de Macy's, hubo cambios incluso en la dieta vinculados a la publicidad. Fueron cambios pequeños porque la Navidad no interpela a las grandes formas culturales sino a la cotidianeidad nimia", abunda la experta en estudios culturales Lilliana Ramos Collado.

En ese sentido, mención aparte merece una empresa como Coca Cola, la cual desde los años 30 ha sido responsable de gigantescas campañas de publicidad en las que este personaje es protagonista. Incluso ahí ha evolucionado pues el Santa de los 30 era un hombre anciano pero de brazos fuertes y aspecto un poco rudo, como un leñador. Hasta entonces tampoco era mundialmente conocido como un señor de traje rojo. Había países donde tradicionalmente se vestía de verde o de azul y su historia estaba vinculada directamente al obispo San Nicolás y su ministerio en favor de la niñez; y es gracias a estas campañas publicitarias que finalmente se globaliza la imagen del hombre de rojo, que posteriormente iremos viendo menos como un hombre grande y fuerte y más como un anciano dulce, regordete y de cachetes infinitamente rosados. "Es un invento de la publicidad", sentencia Rivera, para quien la contraposición entre Santa Claus que nos llega de los Estados Unidos y los Reyes Magos que heredamos de España sigue teniendo un matiz político.

"La Navidad y su celebración por encima del Día de Reyes también tuvo una importancia política de alejarnos de España", opina Ramos Collado, para quien el festejo también tiene un matiz simpático pues "el 24 es el día en que nosotros recibimos el regalo que es el nacimiento del Niño Jesús, mientras que el Día de Reyes es que se entregan los regalos".

La cuestión es que así pasó de ser el monstruo rojo al amigo entrañable.

Lo híbrido y lo maravilloso

Una cuestión innegable es que en un momento como el que se vivió cuando se escribió "Santa Clo va a La Cuchilla" las tensiones entre la tradición y la novedad eran mucho más intensas que en la actualidad en la que otras negociaciones han entrado en juego, porque a decir verdad, nuestro Santa Claus come tembleque y janguea con venados lo mismo que con camellos, no entra por chimeneas y viste de invierno en pleno calor. Y aunque, si bien es cierto que una tradición como los Reyes Magos forma parte integral de lo que somos como país, pues ya era nuestra incluso antes de que existiera una noción de lo puertorriqueño propiamente y formó parte de la forja de una identidad, también lo es que han pasado más de cien años de presencia estadounidense y las identidades son cada día más híbridas.

"Lo criollo siempre ha sido eso, ofrecer nuevos significados a viejas simbologías", comenta por su parte Silvia Álvarez Curbelo, historiadora y autora del libro *Un país del porvenir: el afán de modernidad en Puerto Rico (Siglo XIX)*. La historiadora, al igual que las fuentes consultadas, sitúa el crecimiento de esta tradición en la isla con la entrada de la televisión en Puerto Rico en el 1954, algo muy a tono con lo que el personaje representaba. "Era lo moderno, siempre traía los juguetes que estaban de moda", dice aunque al ofrecer una perspectiva más actual observa que "hoy día incluso Santa ha perdido protagonismo frente a la megatienda, que es ahora el signo de la Navidad, Santa es el intermediario".

En cuanto a la identidad que este personaje ha adquirido en la isla, lo principal parece ser con qué se le combina, pues aquí Santa Claus puede formar parte de una parranda y no necesariamente cantar villancicos. Otros han encontrado la negociación idónea entre lo religioso y lo mágico. "Mis hijos saben que Santa es un ayudante del Niño Jesús, así mantienen el sentido de la Navidad sin perder una tradición que comparten con sus amigos en la escuela", explica Carla Pérez, una madre entrevistada. Por otro lado, un joven de ideología independentista aclara: "A mi casa ese señor nunca ha llegado". Y como él hay familias que hornean galletitas, cuelgan botines y decoran con luces que simulan nieve, algo que también se ve en otros países latinoamericanos, sobre todo en tiempos donde este personaje es un signo más de la globalización.

Entonces, ¿es nuestra ya esta tradición? ¿Se cruzó verdaderamente el umbral entre lo político y lo cultural? ¿Se puede pensar la Navidad verdaderamente puertorriqueña sin este personaje? Muchos se aventuran a decir que no, que Santa Claus hoy día ya es un residente bonafide de La Cuchilla donde no se dejan de cantar aguinaldos ni de tocar cuatros pero ahora con sombreros rojos y blancos en la cabeza. "Eso es un ejemplo condensado de toda nuestra cultura híbrida", señala Ramos Collado.

Curiosamente, aunque la presencia es obvia e incuestionable, llama la atención que en nuestra literatura este no es un personaje contundente. "No es una presencia, aparece en muy pocas ocasiones y cuando aparece no es grato", apunta la crítica literaria y escritora Carmen Dolores Hernández quien recuerda la fuerte campaña que mantuvo don Ricardo Alegría, particularmente en el Viejo San Juan y sus decoraciones, para minimizar la presencia de Santa Claus. "Siempre lo vió como algo más vinculado al comercio y a lo estadounidense que a las Navidades y los símbolos cristianos".

A todo esto, Ramos Collado le suma la idea de que con la modernidad y la americanización llegó con fuerza el modelo de la familia nuclear que dejó de lado un poco a la familia extendida. "Con Santa Claus regresa ese personaje del abuelo", dice la estudiosa de fenómenos culturales para quien la narrativa en torno a Santa Claus es muy poderosa. "Viene de un no lugar, porque el Polo Norte no es un país, es la fantasía de un mundo perfecto, de la tabula rasa de la nieve, es un personaje utópico, es como una Jerusalem en el Polo, la tierra de leche y miel. ¿Cómo tú peleas con un mito así?", insiste.

"Aún hay momentos de magia y le corresponde a cada familia trabajar los diferentes tonos y buscar lo mejor de cada uno", resuelve de otra parte Álvarez Curbelo.

Entonces, no se trata de pelear, más bien de entender y de comenzar a hurgar en unas nuevas identidades puertorriqueñas donde lo que somos sigue siendo el saldo de lo que entra y sale y lo que hacemos con ello. Por lo pronto, el Santa Claus que espera a los niños en Plaza Las Américas está muy abrigado pero pasa calor. Doy fe. Vi el abanico.

Publicado en la edición del
16 de diciembre de 2012 de *El Nuevo Día*

II

Hombres

QUEMAR UN MASERATI

Uno de los primeros recuerdos que tengo de la niñez es estar sentada frente a uno de los guías súper finitos de los carros de mi papá. Ramón Toro Dominicci, papá, siempre tuvo –ha tenido y tiene– carros. No uno, siempre dos o tres aunque las vacas estén raquíticas. Mi abuelo era taxista en Aibonito y tener un carro para él siempre fue una cosa seria, importante, un extraño sinónimo para la palabra libertad, por aquello de la movilidad.

Me crié en ferias de carros antiguos y en enduros donde sobraban ruedas de jeep y fango. Recuerdo todos los carros con cariño, quizás el que más ternura me provoca es un Chrysler viejo que, de tan maltrecho y lento, papá bautizó La bala. Tenía un orificio bajo las alfombras desde el cual se podía ver la brea y hubo momentos en los que latas de galletas sustituyeron las sillas. A veces, al subir las cuestas de Cayey a Aibonito era más fácil bajarse y caminar. También hubo un Ford Crown Victoria, Jeeps del año y otros menos memorables.

Mi favorito era el antiguo, un Plymouth rojo y blanco del 1958 al cual la gente en el pueblo había bautizado como el carro de Batman por las nada discretas aletas que tenía atrás. La goma era banda blanca, con eso lo digo todo.

Papá nunca fue rico, pero la libertad era un asunto prioritario. Por eso no faltaron ruedas y me enseñó a guiar a los 13 años.

Cuando el dealer de carros que papá tenía en Caguas se derrumbó, fue deshaciéndose de sus carros uno a uno. El último en venderse fue el Plymouth y al día de hoy lo andamos buscando, y cuando lo menciona en alguna conversación casual, le brillan los ojos de una manera muy rara, como si mirara un álbum de fotos y recordara quién era cuando era él quien guiaba el carro de Batman.

Me costó mucho tiempo entender lo que esos carros significaban para papá. Eran, a fin de cuentas, su manera de narrarse, de contarse. Había vivido lo mismo que había guiado y al día de hoy todas sus metáforas de la vida tienen que ver con un carro. La que más me ha servido es esa en la que me dice: Teresa, cuando no sepas qué hacer, pon el carro en neutro.

Porque así como para mí escribir es la manera de andar, de llegar a alguna parte, para él conducir un carro o dos o tres es su manera de ser y estar. Y sí, es una manera muy mecánica y hojalatada de serlo pero es su manera y contra eso no hay que pelear.

Cuando abuela murió y a los 63 años, papá se compró el Mustang rojo que tiene ahora, y al cual poco a poco ha ido llenando de extrañas y deportivas líneas negras. Pocas veces lo he visto tan alegre como cuando, sudado y hecho polvo, me muestra que lo acaba de brillar. Yo no noto gran diferencia pero le regalo el mismo rostro de sorpresa. Entender la alegría de la hojalata toma tiempo.

Entonces, veo el vídeo nuevo de Calle 13 y leo los comentarios, las columnas, escucho los argumentos a favor y en contra, como siempre más en contra. Y tengo que decir que hay mucho que escribir sobre los hombres y los carros. Que pudo haberlo vendido y donar el dinero, sí; que pudo haberlo regalado, sí, que pudo haberlo destruido sin golpearlo, sí... pero creo –o más bien me tomo el atrevimiento de creer– que ese gesto simbólico encierra un desafío muy grande a la masculinidad. Destrozar la belleza –sí, dije belleza– de un Maserati, tirarlo por un precipicio y verlo arder es una acción, una imagen tan contundente y poderosa que escapa las lógicas del dinero. No es lo que costó, es lo que cuesta el hecho de que cueste.

Así que, qué bueno que arde el Maserati, qué bueno que el mensaje es ese. Y no, no es un aprecio y defensa de Calle 13, ellos no lo necesitan, ni a mí me interesa. Es algo más simple, es una cuestión de hojalatería y pintura, es una cuestión de ser hija de mi padre.

6 de marzo de 2014

PUÑOS EN MANHATTAN

Para definir el sonido de los puños no hay onomatopeya perfecta. Se escuchan como una almohada de plástico que quiere romper huesos, como algo blando que rompe, en fin, algo así como el sonido de la vida cuando nos golpea.

Entonces hay dos hombres en el medio de un cuadrilátero, que en televisión se ve muy grande y en el justo centro del Madison Square Garden parece pequeño, como un núcleo o epicentro de algo vivo que aún no se define. Llegar siempre es un asunto de dimensión.

Las gradas llenas, la publicidad por todas partes, la expectativa. Entramos allí acabada la tarde, con capas y capas de ropa que fueron quedando olvidadas en una silla a medida que la masa humana iba calentando el aire cada vez más tenso, cada vez más denso. Los pantalones apretados, las cadenas, las trenzas, las banderas... Los pantalones anchos hiphoperos, las camisetas del Macho, los diamantes en la oreja, las pleneras... Todo allí.

Un par de horas antes, al cruzar la calle en el Hotel Affinia –donde se hospedan la mayoría de los boxeadores-, frente a los ascensores del vestíbulo, se formó una trifulca, un boconeo macharrán entre los equipos de Danny García y Zab Judah, dos boxeadores que se medirán en una pelea en febrero próximo. La narrativa del boxeo se trabaja desde temprano. La expectativa también es un ejercicio de resistencia.

En ese vestíbulo sobran los músculos ocultos bajo sudaderas, las miradas intensas de cejas fruncidas, la sensación de algo nebuloso en el ambiente aunque no esté pasando nada. En este mundo pesa más la idea de algo que el algo mismo, al menos, hasta que se trepan en el ring. Ahí la elegancia es del tipo en que lo delicado puede ser conectar un puño veloz, o un abrazo que llega después de una zurra.

"Esta será una batalla entre zurdos, pero Cotto confunde porque es zurdo pero se para derecho", escucho decir a uno de los periodistas deportivos que llegaron a cubrir el evento, los mismos que, a veces, pareciera que escriben un poema y no una crónica boxística. Porque en el lenguaje no faltan los ganchos bellos y delicados, las derechas nostálgicas, las lastimaduras al pecho, los nocauts de muerte.

Quedaban dos peleas antes de la entrada de Miguel Cotto y Austin Trout, los peleadores que se disputarían la faja de las 154 libras de la Asociación Mundial de Boxeo (AMB). Más tarde, luego de esos dos encuentros, los fotoperiodistas contarían cómo sus cámaras se llenaron de sangre, sudor y quién sabe qué otros fluidos que les caían a chorros mientras documentaban la pelea desde los bordes del cuadrilátero.

La música de Daddy Yankee advertía que pronto comenzaría la pelea estelar. Las muchachas andaban por ahí, con sus pantalones minúsculos de tela lycra que todo lo marca y sus escotes salientes con vida propia. Cada vez que una nalga se asomaba, el público enloquecía; contraste absoluto con el área de prensa donde sobraba el análisis de la bofetada más elegante (escribo esto para entender cómo es que una bofetada es elegante) e imperaba la seriedad de quien observa la esperada ebullición de un proceso químico complejo.

Días antes, en el avión, nos topamos con el niño que imita al Macho Camacho. Su padre cargaba el penacho de plumas en la mano durante el vuelo y su manejador paseaba por el pasillo del avión contando de la ilusión, del niño de cerquillo y buscanovia, de ir al sepelio. Ese sábado de la pelea, en la mañana, lo enterraron en medio de más trifulcas. Pero en la noche, antes del combate estelar, sonaron las campanas, pasaron fotos con aires épicos y el público solo rompió el silencio para gritar ¡Macho! ¡Macho! Fue breve, pero fue, en efecto, un homenaje; porque si hay algo solemne en el boxeo son las campanas.

El silencio duró poco. Llegó Trout, llegó Cotto. Llegaron con sus séquitos uniformados, el primero exhibiendo la faja, el segundo con el apoyo masivo del público. Cada asalto, tres minutos de cantazos. Ninguno cayó. A veces, casi bailaban, se abrazaban, se volvían un lazo y se soltaban. Cuando los puños son rápidos, la gritería es mayor. Se hinchan ojos, se castigan cuerpos. A veces cierro los ojos para no mirar, pero la violencia es muy maldita y te los abre y tienes que mirar con miedo o con vergüenza de saber que ese horror también lo tienes por dentro.

El final ya todos lo conocen. Uno ganó, el otro se fue. Alrededor, la gente saliendo del Madison, cuchicheos de revanchas y un par de hombres en las gradas que se enredaron a golpes. Esos puños sonaban diferente. Imposible precisar, eran más los gritos.

Publicado en la edición del
9 de diciembre de 2012 de *El Nuevo Día*

CERQUILLOS

Barbero que se precie sabe exactamente lo que es hacer cerquillo con patillas finitas, sabe que la precisión que se logre en la línea marcará la diferencia entre si está limpio o sucio, si se luce como los hombres deben lucir o si hay asomo de descuido. Para algunos la cosa es extrema, o como dice la periodista Tatiana Pérez, tiene que hacerlo con regla para que quede ese recorte perfecto y, aunque dure una semana, no exista la más mínima marca de imprecisión.

En Puerto Rico el asunto con el cerquillo y las barberías toma dimensiones de identidad. En el reguetón y en el boxeo –por ejemplo– los recortes son clave. Se sabe de dónde se viene, se entienden una visión del mundo por la perfección de la patilla. Recuerdo una entrevista al grupo de jóvenes del sector La Marina en Isabela con los que el cineasta Alvaro Aponte Centeno trabajó en su cortometraje *Mi santa mirada*. ¿Qué hicieron con él al final? Naturalmente, recortarlo y afeitarle el pecho. En ciertos espacios de la calle, la masculinidad, mientras más lampiña, más dura.

Pasa algo similar con las cejas. No me gustan los hombres con las cejas más finitas que yo. Hay una cuestión ahí quizás de vanidad o, simplemente, algo más instintivo que requiere poco análisis. Pero es innegable que, si hay un detalle que se suma al cerquillo y al pelaje del machus portorricencis

–digamos que típico– tiene que ver con la cantidad de pelo y cómo se domestica.

El artista y barbero Omar Obdulio ha trabajado el tema con sus pinturas y me contó que la cosa comenzó a afinarse en los 80 y los 90 con el flat top y que ha seguido evolucionando desde entonces. Hay un código. Un sentido de pertenencia en las formas precisas que toman las cabezas de los hombres.

Una vez hablé con un joven que acababa de salir de la cárcel y me contaba que iba a comenzar a estudiar para barbero porque entre todos los oficios que podía ejercer ese era el que más le atraía. Me consta que había matado, que había traficado drogas, entre otras cosas duras que le marcaron el destino. Entonces, al buscar algún tipo de redención social, ¿por qué barbero?

Entonces paso por una urbanización en Levittown y veo la marquesina abierta, un barbero haciéndole el cerquillo a un hombre joven pero con cara de muchos años y entiendo cosas de la masculinidad y de la intimidad. Después de todo, dejarte tocar la cara y la cabeza con una navaja por otro hombre siempre ha requerido entender alguna noción del medieval honor. Entonces entendí por qué quería ser barbero. Trabajar en el idioma que domina. Las navajas, no importa el tiempo, siempre han tenido su vocabulario.

21 de agosto de 2012

SALIERON DE AQUÍ

En este lugar decir calle es decir casa. Recostarse en la esquina es como entrar a la sala. Las aceras son lugares íntimos, propios. Un día cualquiera una mujer trabaja con su máquina de coser en el balcón, los niños van de esquina a esquina buscando la sombra, pasan los carros, las motoras.

En este lugar casi todo el mundo se conoce, en los techos se ve alguna que otra propaganda política, hay ropa tendida, un mural del muerto que toca recordar y la vista al mar se interrumpe de cuando en vez por el tendido eléctrico. Aquí decir "aquel se retiró", es decir que ya no está en la calle, que se ha ido a alguna parte. Aquí decir calle, es decir estar vivo.

Llegamos un miércoles al sector La Marina en Isabela. Después de dos o tres calles, subimos por la esquina de La gozamba del gallo, una promesa de negocio que no llegamos a ver abierta. Nos estaban esperando. En los barrios siempre se espera.

Elizabeth Berríos Rosario nos invitó a su casa. Allí conocimos a su hijo, el muchacho de la santa mirada. Se trata de Rafael Ángel Mercado Berríos, "Rafito", el protagonista del cortometraje *Mi santa mirada*, de Álvaro Aponte-Centeno, que recientemente se convirtió en el primer trabajo de un puertorriqueño nominado a la Palma de Oro en el Festival de Cannes.

La historia no es nueva: violencia, traición, asesinatos crudos. Pero a decir verdad, esta historia siempre lo es, sobre todo cuando es tuya, cuando te toca. Para contarla, el cineasta no buscó actores profesionales, quería otra cosa, un cantazo de verdad tan específico que no apareció hasta que se topó con la mirada de Rafito.

Hay que entenderlo. Este hombre de 30 años, con un demonio tatuado en el cuello, con un cerquillo perfecto y un arco delgado en las cejas que resguardan sus ojos, tiene por mirada un par de pozos hondos de verdad. Mirarlo te da la sensación de que te pierdes en un abismo extraño donde hay tanta rabia como ternura.

Había salido de la cárcel el Día de los Padres y en la sala, frente a su madre Elizabeth, habló un poquito, a su ritmo de voz ronca, tímida pero precisa. Rafito personificó a un hombre que traiciona al dueño del punto, lo que se dice "un insecto".

"Me identifico con él en el carácter porque yo soy así callaíto pero a la hora de la verdad...", admite convencido de que era importante contar esa historia. "Son las consecuencias de la calle, él tuvo control del caserío pero no siguió las directrices... Esa es la realidad de la calle, a veces peor, pero es bueno que la gente sepa lo que se vive. La vida no es un chiste", reflexiona con esa sabiduría del que conoce bien de cerca todas las fracturas del concreto.

Fue la misma lógica de la calle la que lo hizo comprometerse con el proyecto que comenzó cuando Álvaro encontró a Manuel Giraud "Babalú Machete", un cantante de hip hop y tatuador, en un vídeo colgado en YouTube. A través de él llegó el resto de los muchachos que un día dejaron Isabela para asistir al casting en Miramar. Babalú los llevó, como siempre los lleva para los vídeos y las canciones que graba por el barrio.

"No podía creer que me habían escogido como protagonista. Después de esta experiencia yo sé que soy alguien. Antes era Rafito, ahora sé que puedo lograr cosas. Si hubiera los recursos, aquí hay talento de más".

Hace un año la filmación se llevó a cabo en el residencial Torres de Sabana y en el barrio La Perla. Los siete jóvenes de Isabela se quedaron durante una semana en la casa de Álvaro. "Dormíamos todos en dos mattress, fue un vacilón", recuerda Rafito. Lo difícil fueron las largas horas de filmación. "Nosotros no estamos acostumbrados a eso, siempre estamos un ratito aquí, diez minutos allá, eso fue un poquito difícil", dice, "de Álvaro aprendí la paciencia".

Difícil también fue subir y bajar muchísimas veces los diez pisos de una de las torres del residencial para filmar una de las escenas. "Pero nosotros dimos nuestra palabra y estábamos cansados y eso pero íbamos a seguir", explica Rafito, "lo más bueno de la calle es la palabra, lo más malo es la traición que se paga con sangre. Lo que te hace valer a ti es la palabra no el dinero".

"Hicimos un contrato verbal y ellos se comprometieron", añade Álvaro.

Lo de las escaleras se les quedó en la mente. "Nosotros estuvimos allí solo unos días pero esa es la realidad de esa gente; veíamos a la señora subiendo la compra diez pisos, el abandono", comenta Álvaro que está sentado a mi derecha, y mirarlo después de un rato mirando a Rafito a los ojos es un contraste bien grande.

Así, un contraste, debió haber sido ese encuentro, entre este muchacho blanquísimo que se quema rojo y se pone rojo también cuando se avergüenza, y Rafito, de piel tostada y ojos oscurísimos. "Lo vimos blanquito, de ojos claros y rápido pensamos, 'este es federal'. Dudábamos al principio pero cuando empezamos a ver las cámaras sabíamos que esto era en serio", rememora Rafito.

Y es que verlos a todos juntos es ver dos pedazos de país. "A mí me da mucho coraje porque sé que hay tantas personas que no han tenido las oportunidades de estudiar que yo tuve, por ejemplo". Lo dice Álvaro con su gorra de Ismo, con pantalón azul clarito y camiseta blanca, con sus gafas cuadradas y el reguero de rizos sueltos. Lo escucha Rafito con sus pantalones anchos de boxers por fuera, con los tenis blancos inmaculados, recién recortado, limpio.

Hubo un punto intermedio. Cuando acabó la filmación, agarraron a Álvaro entre todos y le afeitaron el pecho. Eso de andar pelú no es cosa de este barrio.

En Río Piedras ensayaron algunas escenas en la glorieta de la Universidad de Puerto Rico y fueron dándole forma a sus personajes. Álvaro trabajó una dirección más fragmentada, escena a escena adaptándose al hecho de que eran primerizos.

"Lo más importante de todo este proyecto para mí, a nivel espiritual, es que mucho más allá de hacer cine o hacer arte es conocerlos a ellos, que me han servido de puerta para conocer otras realidades que hay en mi país y esto también es un ejemplo de las cosas que se pueden lograr sin palas. Para mí significa todo que esto haya salido de aquí, de esta casa (en Isabela) donde hicimos la prueba de vestuario", reflexiona Álvaro.

La primera vez que Rafito se vio en la pantalla, le gustó lo que encontró. "Me vi hasta más gordo, más con vida, bien, me gustó la sencillez del personaje", acepta.

La noticia de que el corto viajaría a Francia la recibió en la cárcel. "Me vi en las noticias y mirando el periódico encontré una foto y dije, 'este es Álvaro'".

Ahora que salió de la cárcel sueña con tener su propia barbería. A lo mejor en eso piensa cuando mira al mar de madrugada, le gusta el amanecer y habla de eso con más credibilidad que un poeta.

"Quiero ser independiente de todo, que mis hijos sean felices, que mi 'mai' esté sin preocupaciones, porque yo he dado mucha candela. Toda mi vida entrando y saliendo de prisión, como doce años llevo en eso. Lo más que me duele es haber perdido el tiempo, eso no se recupera", confiesa.

A la casa ya ha llegado Babalú, que tendrá unos diez años más que Rafito y vive en el barrio desde el '83. El hombre tiene una sonrisa contagiosa, un par de pantallas de brillantes que distraen y un deseo de hacer cosas, una energía que dan ganas de irse con él a trabajar.

"Vamos buscando oportunidades. Para nosotros era importante enseñarle a la gente que pueden hacer otra cosa, siempre se piensa mal de la gente en los guettos pero aquí hay mucho talento... Gracias a Álvaro fuimos parte de esto, somos parte de la historia", aporta Babalú.

Al rato nos fuimos a la calle a hacer un par de fotos. Allí Joseph Martínez "Lagarto", de 23 años, nos habló de esa "experiencia que nunca me imaginé vivir".

"Me gustó, me gustó mucho eso de actuar. A fuego", dijo por el otro lado Jonathan Rodríguez "Fosforito", de 21 años.

Nos despedimos en la esquina, a donde regresan, ese epicentro de todos los barrios en el que todos los días pasa de todo y no pasa nada.

Publicado en la edición del 1 de julio de 2012 en *El Nuevo Día*. Este texto además fue traducido al alemán e integra los 10 textos de periodismo narrativo que fueron incluidos en la antología ¡Atención! Die Besten Reportagen Aus Lateinamerika (Los diez mejores reportajes deLatinoamérica) de Erhard Stackl; publicada en Austria bajo la editorial Czernin.

EL SONERO DE TODOS NOSOTROS

*"A mí me llaman el sonero mayor porque
vacilo con la clave y tengo sabor".*

Ismael Rivera

La cuestión es que cuando una voz logra metérsele por dentro a la gente y tocarle los nervios ocurre un milagro. Son muchos los cantantes pero pocas las voces capaces de ejecutar la proeza. Ismael Rivera lo hizo. Con su sonido de cemento, ladrillo y arena, de juego y guapería, tirando la piedra y escondiendo la mano, con ingenio y autoridad de barrio, con un balance perfecto entre coraje y ternura, cambió las reglas del juego el hombre que dejó de ganarse 50 pesos como maestro albañil para ganarse 30 como cantante de orquesta. Vaciló con la clave, se le trepó encima al coro, soneó como se lo pedía el ritmo y ese arrebato de espontaneidad trascendió, lo coronó como el Sonero Mayor. Para él no hay sustituto.

Por eso un día como hoy, hace 25 años, cuando se empezó a escuchar el rumor de que había muerto en la calle Calma de su Santurce cangrejero, empezó a florecer el mito del cantante irrepetible. Murió Maelo y los de la mata todavía lloran cuando lo recuerdan, porque para los salseros sus músicos son familia y como Rubén Blades insiste: familia es familia y cariño es cariño.

"Nos miramos unos a otros con asombro y resignación", recuerda Rafi Torres, productor, locutor y amigo de Ismael Rivera, quien documentó en un especial radial el recuerdo de la madre de Maelo, doña Margó, sobre aquel día en que su hijo se le murió en los brazos. Estaba en su casa la tarde del 13 de mayo de 1987, habían traído comida china y Maelo aconsejaba a un muchacho del barrio que, buscando venganza, quería matar a otro.

"Le decía 'no hagas eso' y en esa lucha del no, ahí se me quedó Ismael en el brazo sentado. Dos segundos me duró, hizo ¡pan! y ahí quedó", narró entonces doña Margó, la madre de ese muchachito que de niño hacía maracas con potecitos de leche, güícharos con los tenedores y tumbadoras con latas de pintura. "Yo no sé cómo es que ese muchacho tenía ese oído... él me decía desde los 7 años que 'por esas cosas (las vitrolas del abuelo) iba a salir mi voz'", recuerda la creadora de la siempre sabrosa maquinolandera.

Como lo predijo en una canción, su entierro fue el acabose.

A un cuarto de siglo de su muerte toca replantearse esta figura icónica dentro de la tradición musical puertorriqueña, de las innovaciones en materia de ritmos caribeños y dentro de las luchas sociales del contexto histórico que le tocó vivir. La cuestión es que tiene su grandeza una raíz.

"Pienso en él y pienso mucho en la playa, esa era la diversión más grande que nosotros teníamos. De ahí salió 'Colobó'. Éramos millonarios en aquella casita, en aquel barrio, pasando el rato debajo del palo de almendra, viendo a los perros de doña Chana y comiendo garbanzos con patitas de cerdo los domingos, tomando café con leche de coco", cuenta Tomasa Rivera "Tommy", su hermana menor, quien nos recibió en su casa con esa generosidad de barrio que le pone a todo el mundo un refresco y comida en la boca.

Cuenta y canta, llora y tararea las frases de los coros. Solo así se habla de Ismael. Tres horas después, habíamos recordado a Maelo el padre, el hijo, el hermano, el músico; habíamos visto la última camisetita que se puso (una polo minúscula), fotos y nos habíamos muerto de la risa escuchando de su voz y la de su esposo, Eugenio Quijano Verdejo "Baby" (primo de Rafael Cortijo), los cuentos de cómo se congregaban los muchachos del barrio a ver el show de Iris Chacón y de la gloriosa vez que Maelo fue a cantar frente a la reina del nalgamen nacional. Otro acabose.

Maelo es eso en casa, el hermano, el que nunca se fue de la calle Calma pero en la historia crece como un espiral que no acaba. La cuestión es que no está muerto na'.

"No ha sido una figura abandonada pero no está agotada, siempre hay posibilidad de explorarla más", señala Hiram Guadalupe, experto en música popular y sociólogo.

A juicio de Guadalupe, quien además es autor del libro que reúne perfiles de las principales figuras del género *Historia de la Salsa*, habría que empezar por su estilo al cantar. "Su capacidad de improvisación, tenía una virtud que no tenía nadie, un fraseo exquisito. No versaba en un espacio fijo, lo hacía encima de las voces del coro. Es lo que llaman el dominio de la clave en el uso extenso de la poliritmia".

"Una de sus innovaciones fue la guapería cantando, donde unos metían cuatro frases, él metía ocho. Eso no se había visto nunca. Era un fenómeno", abona Rafi Torres.

"Él siempre me decía que no bastaba repetir, había que saber y entender lo que uno le estaba comunicando a la gente", destaca su hermana quien cantó con él en múltiples ocasiones.

A esto se suma su dimensión religiosa, toda su devoción que lo llevó a peregrinar durante años en la procesión del Cristo Negro de Portobelo en Panamá, país donde al igual que en Colombia, Venezuela y Perú es un personaje central dentro de la cultura con su "ecuajei" de relajo y de bendición.

Finalmente, destaca Guadalupe, está el elemento de la negritud. "Maelo, junto a Rafael Cortijo, formaron parte de ese 'statement' de ver esto como el espacio que el negro estaba ocupando en medio de un contexto social discriminatorio. Fue una proeza como la que hizo Rosa Parks al sentarse en la guagua".

Sobran ejemplos. Cuenta Tommy que un día su hermano se presentó en un prestigioso hotel de la capital y antes de cantar le dijo al público: "Esta loseta la puse yo porque yo soy albañil y la estoy pisando porque estoy cantando, de otro modo no podría". Un guiño a la historia quizás, un retrato prematuro del Juan Albañil de todos.

Cuando se quedaba en hoteles se llevaba a los muchachitos del barrio y más de una vez tuvo que bajar a defenderlos porque los querían botar. "Se creían que habían entrado por la playa sin permiso, claro, como veían a ese chorro de negritos en la piscina, y él bajaba y decía: 'esos son mis invitados'", recuerda Tommy.

César Pagano, autor colombiano del libro *Ismael Rivera, el sonero mayor* recoge en el libro una entrevista que Maelo ofreciera al periodista venezolano César Miguel Rondón. "Yo te dije hambre, porque el grupo sonaba como con una rabia, una fuerza, loco por salir del arrabal... inconscientemente. ¿Me entiendes? Ese era el tiempo de la revolución de los negros en Puerto Rico... Roberto Clemente, Peruchín Cepeda, Romaní... entraron los negros a la universidad y ¡paff!... Y salió 'Cortijo y su combo' acompañando esa hambre, ese movimiento... Todo fue cosa del pueblo, del negro, era como que se nos estaba abriendo una jaula y Clemente empezó a repartir palos y nosotros entramos ahí, tú sabes, con nuestra música..."

Eran los años 50, el mundo estaba cambiando, Europa se reconstruía aceleradamente, llegaban noticias de levantamientos anticoloniales en África, se suscitó la Guerra de Corea, comenzaban a cuajarse las revoluciones sociales de los 60, en fin, el mundo se sacudía y con él las expresiones musicales. Y venga, también estaba en su apogeo lo que Rafi

Torres llama "el triángulo de la jodedera: Cuba, Nueva York y Puerto Rico", siendo en la isla la parada 22 de Santurce la mismísima meca.

También los valores del momento estaban presentes y uno de ellos, la desigualdad de género, es una de esas cosas que muchos no le perdonan al Maelo que cantó eso de "si te cojo coqueteándole a otro, ya verás qué trompada te vo'a pegar" (canción que fue retirada de la programación de emisoras como Z-93) o eso de "qué inmenso ser el dueño de la finca y la mujer". Para muchos es el himno a la violencia doméstica.

A ese reproche se suma su tiempo en la cárcel, luego de su arresto –por posesión de drogas– en 1962 cuando regresaba a San Juan de una gira en Venezuela, con escala en Panamá.

"Yo veo mucha ingenuidad ahí. Él cantó eso quizás con la ingenuidad de que era un tema en un contexto social, posiblemente, si le preguntaran hubiese dicho que no le pegaba a la pareja. Juzgarlo por eso es sacar de contexto dónde él estaba. Los tiempos cambian", reacciona Guadalupe toda vez que reconoce que "para nosotros todos los muertos son buenos".

En esa misma línea, opina que arrojar toda la luz sobre esas faltas bien pudiera caer en atacar lo que es más débil. "Era un negro pobre", por ello prefiere defender lo que fue su gran aportación y no caer en visiones como las que han acaparado la biografía de figuras como Héctor Lavoe donde el melodrama de la vida trágica y oscura terminan por ensombrecer al genio musical.

Quizás ni lo uno ni lo otro. En sus contradicciones, en ese ser humano complejo que lo mismo siente rabia que pena, habita un aspecto más genuino de la figura. La cuestión es que, ni dios, ni santo, ni mártir, ni verdugo.

"Mi hermano nunca dependió de una sustancia y él hasta cantando le pidió perdón a Puerto Rico", sentencia Tommy.

"Maelo era a veces muy duro y a veces muy tierno", dice el productor del Concierto Mayor, Frank Ferrer.

"Pienso que deberíamos trabajar en darle un lugar más prominente, él fue el que abrió puertas, el que empezó con el embrujo", apunta Ferrer sobre quien también denominaban "el Brujo de Borinquen".

El embrujo se agotó. Cuando salió de la cárcel todos recuerdan que llegó lo que se dice "prensao", con musculatura y, como dijo en una entrevista radial, "preparado para el combate". Grabó y cantó. Pero con los años –y tras la muerte de su hermano de siempre, Rafael Cortijo– su voz se fue apagando. Lo operaron de la garganta pero su voz ronca era cemento que no quería mezclar. Rasgando canciones llegó al final.

Publicado en la edición del
13 de mayo de 2012 de *El Nuevo Día*

25 AÑOS SIN BASQUIAT

–¿Por qué te gusta el arte de Jean Michel?,
pregunta el crítico René Ricard a un extraño
en una galería en los 80.
–Porque parece arte, le responden.

Del ensayo "The Radiant Child",
1981, de René Ricard

No fue romántica. No fue poética. No fue serena. Fue todo lo que puede ser una muerte así. Cruda. Una sobredosis de heroína. El vacío que viene después. Fue un viernes. Estaba solo.

Por un rato, intentemos no alimentar el mito del artista joven, del genio incomprendido, del chico que el 12 de agosto de 1988 ingresó al club de los 27. Después de todo, se trata de un mito reescrito hasta la saciedad y, en el caso de Jean Michel Basquiat, de un mito que en muchos espacios ha pesado más que su obra misma.

Lo vemos en el filme biográfico *Basquiat* (1996) de Julian Schnabel, con Jeffrey Wright como protagonista, como un genio curioso, prematuro, que pasa por la vida como flotando por su entorno, como un explotado y un explotador del mundo del arte, como un adicto irredento, buen amigo pero solo, un desafiante asustado. Hablamos de él y de lo último que se habla es de su obra.

Todos recuerdan su peinado como una corona de *dreadlocks*, sus fotos boxeando con Andy Warhol o de piernas abiertas con Madonna. Recuerdan su sonrisa. De su obra se habla después, cuando se habla, y someramente. Y si así sucede es porque si algo ha logrado el mito mismo es ensombrecer una obra que, aunque sigue siendo un hit en el gran mercado del arte –con ventas millonarias y exhibiciones individuales alrededor del mundo–, su propio éxito ha impedido que se profundice en su contenido.

No es fácil ni barato organizar una exposición de Basquiat; lo que tiene como consecuencia que si la obra está esencialmente en manos de coleccionistas –salvo algunas excepciones– el acceso a la investigación es muy limitado. En fin, que ha crecido el mito, pero no la bibliografía. El mismo mercado que lo hizo rey, que lo explotó y él explotó, rige después de su muerte el devenir de su legado.

De cara al 25 aniversario de su fallecimiento, que se conmemora dentro de poco más de un mes, es justo acercarse a esta figura –uno de los más grandes artistas del fin del siglo pasado– no lejos de su biografía, que es vital en toda producción artística, pero sí un poco más cerca de aquello que miró de otra manera, que pensó de otra manera, desde lo que queda cuando un artista muere, la memoria de lo que tocó, de lo que sigue tocando. Quizás de eso se trate morir, de entender qué es lo que se toca.

Pero esta no es una historia mortuoria, sino todo lo contrario porque ha quedado claro después de su muerte que su producción artística, de más de 1,000 pinturas y 1,000 dibujos, además de su amplio catálogo de frases y gestos artísticos de arte urbano documentadas bajo el tag de SAMO (que surgió de la frase "same old shit"), son evidencia de que aunque su vida fue breve, a su obra le queda larga vida.

"Fue una promesa, pero hizo obra válida en sí misma. Decir que fue una promesa es como si su obra no se hubiese logrado y tuvo una obra duradera. En Puerto Rico tuvo mucho impacto", comenta la crítica y curadora Lilliana Ramos Collado, quien tuvo a su cargo el ensayo del catálogo, así como los textos museográficos de la primera –y hasta el momento única– gran exposición del artista en el país en el 2006 titulada *Basquiat: una antología para Puerto Rico* en el Museo de Arte de Puerto Rico en Santurce. Se trató únicamente de obra en papel compilada por el galerista Enrico Navarra.

El acceso es poco por lo que, sin duda, la gran tarea pendiente con este artista es el desarrollo de una bibliografía seria y abarcadora que estudie los múltiples aspectos que trabajó, como la soberanía, la identidad y la raza misma como una investidura social; los diálogos con otros artistas, tanto pintores como músicos y autores, etc. Y, sobre todo, como el pintor que en su momento histórico le devolvió al mercado del arte –agotado entonces– el aceite necesario para repuntar. Volvió a la pintura, volvió a ser una figura única, original en un momento casi demasiado cínico –o cansado– para que algo así sucediera.

"Él surge en un momento en que lo que había era un arte conceptual que había vuelto el mundo del arte aburrido. Entró en ese momento en que no había ya artistas famosos como Pollock. Roland Barthes había introducido a finales de los 60 la idea de la muerte del autor. Se había agotado la idea de una figura", analiza Ramos Collado toda vez que destaca que el joven Basquiat esculpió muy bien su persona pública como parte de su propuesta plástica.

¿Quién es el rey?

"Hay más reseñas sobre mi personalidad que sobre mi arte", se le escucha decir a Basquiat en la entrevista que estuvo inédita durante 20 años y que fue la base del documental *Basquiat: The Radiant Child* (2010) basado en el pietaje que recogió la directora del filme Tamra Davis cuando conoció al artista en el 1985. En ese momento tenía 25 años y se había convertido en el artista más joven en exhibir de manera independiente en los principales espacios en Estados Unidos y Europa. Era ya el pintor más importante de su generación, y todo el mundo quería un pedazo de él.

"Vas a un restaurante y de pronto sale en el (*New York*) *Post* al otro día", dice en el documental como aceptando las nuevas estructuras de su carácter de famoso.

En el filme se ve a un Basquiat increíblemente fotogénico, coqueto ante la cámara. Se le ve su pelo ya simulando la corona que siempre supo suya, luce en control, consciente de su energía, responde a cada pregunta luego de una pausa breve pero justa, como si contestara todo pensando a veces en voz alta y, otras, complaciendo o castigando al que escucha como aquellos que seducen dándole al que pregunta exactamente lo que quiere escuchar, pero a cuentagotas.

Era un rey, no exageraba

"Con una simple corona sí se convirtió en el rey de la línea", dice la académica Frances Negrón Muntaner, quien actualmente trabaja en cuatro investigaciones distintas sobre su figura y para quien queda claro que "en cualquier artista que muere trágicamente vemos cómo la producción intelectual en torno a su obra tiende a ser menor".

En el documental se le ve pintando en su estudio, en sus trajes caros de Armani felizmente manchados de pintura, se ve la mirada del muchacho que un día no tenía cuenta de banco y andaba grafiteando por la ciudad, y al otro, en una sola noche, podía hacer aparecer $200 mil tras vender todos sus cuadros en una exposición.

El título del documental se inspira en el ensayo "The Radiant Child" del controversial crítico, pintor y poeta René Ricard, publicado en el edición de diciembre de 1981 de la revista *Artforum*; un documento crucial en la carrera del artista. En el ensayo, Ricard lo separa, junto a Keith Haring, del grupo grande de artistas urbanos, de grafiteros, lo coloca a otro nivel por su ingenio y por lo que consideró un estilo individual.

Habían encontrado, al fin, algo que no se parecía a nada, un Basquiat solo se parecía a otro Basquiat. Había nacido una marca. El crítico, quien además fue clave en impulsar su carrera artística y llevarlo, más allá del arte urbano, a los círculos del arte del momento, destaca además el respeto que tenía en la calle el tag SAMO. Nadie le pintaba encima. En la calle ya era rey, y aún no jugaba con coronas. El niño radiante en los tags de Haring (que solía dibujar en la calle la silueta de un niño con rayos que lo iluminaban), se encontraba con el muchacho brillante que empezaba a despuntar solo en el mundo del arte. Basquiat, todo negro, todo iluminado.

"Hay un prestigio en no ser bombardeado... Una o dos palabras de Jean Michel contienen la historia del grafitti", lee el ensayo en el que además Ricard insiste en la obsesión de Jean Michel con el signo de copyright ©, que incluso adjuntó a su emblemática corona.

"No importa de dónde la sacó, ella está puesta firmemente en la cabeza de su repertorio: él se la ganó y es suya. Inclusive escribió un ©, signo de derechos de autor, bajo la corona, así como una fecha imposible con números romanos. Podemos así decir que ahora tiene derechos de autor sobre la corona".

Pero, ¿lo redimió la corona? ¿Fue rey del mundo del arte o un mero súbdito disfrazado? Negrón Muntaner ha estudiado el tema junto a la historiadora del arte Yasmín Ramírez y concluye que "entre más fama adquiere, se da cuenta de que cuando de arte se trata, el soberano es el capital o el mercado y no el artista. Ahí Basquiat cambia su iconografía y comienza a dibujar figuras que viajan a lo desconocido, a otra forma de existir".

Cuando se publicó ese artículo clave, Basquiat tenía 21 años y no tenía idea de que en un par de años se convertiría en el artista de su generación más importante, un hombre negro, de padre haitiano y madre puertorriqueña que de tanto escaparse de casa en su adolescencia (lo hizo en repetidas ocasiones hasta que acabó por irse a los 17), terminó escapándose del mundo en su muy temprana adultez.

"En el mundo del arte todos son mercenarios, tratando de hacer la mayor cantidad de dinero lo más rápido posible". Lo vemos decir con resignación en el documental.

Una figura compleja

Jean Michel Basquiat nació un 22 de diciembre de 1960 en Brooklyn. Su padre, Gerard Basquiat, era oriundo de Puerto Príncipe, Haití, y su madre, Matilde Andradas, nació en Brooklyn de padres puertorriqueños. De ella vino su interés en el arte, fue con ella que visitó los principales museos de la ciudad y fue ella quien lo estimuló a dibujar y a expresarse en los grandes papeles que traía su papá de la firma de contabilidad en la que trabajaba.

"The art came from her", dijo Basquiat más de una vez.

Fue su madre además quien le regaló una copia del libro *Gray's Anatomy* cuando con siete años, en mayo del 1968, Basquiat fue arrollado por un carro mientras jugaba baloncesto. El mundo caminaba hacia un desengaño y el niño Basquiat descubría el cuerpo. El libro no solo lo inspiró más adelante en sus dibujos anatómicos, sino que además dio nombre en 1979 a su banda, Gray.

En ese mismo año sus padres se separan y de su madre se supo poco. Se habla de una institución mental, pero los detalles sobre su vida se conocerán después que la profesora Negrón Muntaner, directora del Centro de Estudios de Raza y Etnicidad de la Universidad de Columbia en Nueva York, publique el resultado de su investigación al respecto, sobre todo de la influencia que tuvo ella en su obra.

"Hay mucha sensitividad por parte de las personas que conocieron esa historia y quieren protegerla. Pero pienso en esa frase: 'El arte vino de mi madre', una aseveración tan simple que puede significar tantas cosas. Primero hay que establecer la historia migratoria de esa familia afropuertorriqueña que se establece en una zona afroamericana de la ciudad... Pensar en cómo esas relaciones, esa integración de puertorriqueños negros con afroamericanos transforma esos migrantes", expone Negrón Muntaner, para quien elementos como el modo en que se transfiere un capital cultural de padres a hijos en la diáspora, la educación artística de Matilde y la ausencia de lo femenino en la obra de Basquiat son materias de estudio clave.

"¿Por qué está ausente lo femenino? ¿Por la influencia y por ello mismo para distanciarse?", cuestiona acerca de las múltiples preguntas que se desprenden de la obra de este personaje sobre el cual, considera, "está todo por hacer".

"La obra de Basquiat es una manera de pensar, se ve como un reflejo de su vida, pero no se piensa tanto en la obra en sí. Uno puede pensar en cómo él hace los mejores análisis sobre lo que es la soberanía en el mundo globalizado, la sexualidad, lo poético. Hay muchas obras que bien se podría argumentar que son poesía. No se ha escrito nada sobre su tiempo en Puerto Rico, en Hawaii, desde el punto de vista histórico, de contexto. Es su historia de vida versus el entendimiento de su obra. Hay todo por hacer", elabora la experta, para quien el aspecto más comentado –sobre todo por críticos afroamericanos– son sus miradas a la raza.

Como expone Muntaner, así como mucha de su obra está esperando estudio, también lo está el periodo de dos años que Basquiat vivió con sus dos hermanas menores y su padre en el barrio de Miramar en San Juan, tras la mudanza de la familia en el 1974 a Puerto Rico debido a una relocalización en el trabajo de su padre.

Regresaron a Nueva York y su adolescencia fue una sucesión de fugas de casa. A los 15 años, tras una de esas fugas en las que se iba a deambular por los parques, le dijo a su papá: "Un día voy a ser muy famoso".

"Jean Michel no era obediente. Me dio muchos problemas", dice su padre en la biografía que forma parte de la página web oficial del fideicomiso del artista que este administra.

Como joven artista callejero se dedicó a vender postales con sus dibujos, ofreciéndole y vendiéndole una a Andy Warhol y al curador Henry Geldzahler, a quienes se les acercó en un restaurante de SoHo.

Poco a poco se convirtió en una cara conocida entre la escena de artistas del momento en clubes como el Mudd Club, Club 57, CBGB's, Hurrah's y Tier 3. Continuó creciendo su fama como grafitero y artista. Aparecía en programas como *TV Party* y en el 1980 tiene su primera exposición colectiva en el *Times Square Show*. El productor del programa de televisión, Glen O'Brien, sería quien luego le presentaría a Warhol, de quien se convierte, para algunos, en su mascota, para otros en una especie de pupilo prodigioso, amigo o joven maestro.

Tras varias exposiciones colectivas, su obra sencillamente arrasó en el mercado aunque no estuvo exenta de fracasos, como lo fue su exposición en colaboración con el propio Warhol. Exposiciones individuales en Tokio, París, Los Ángeles, siguieron su camino ascendente en el que todo era de un extremo total.

Cada vez su arte era más complejo, más profundas sus indagaciones sobre la raza, el concepto de celebridad, la pintura misma, la palabra; cada vez su uso de drogas era más intenso, más frecuente.

"Buscó la fama en parte para retar el racismo en el arte y en el ámbito social. Por un lado, visualizó con gran claridad formal y conceptual cómo la modernidad –con sus fieles acompañantes, el colonialismo y las jerarquías raciales– produce el desgarre de la experiencia afrodiaspórica. Por otro lado, ofreció un lenguaje crítico y complejo para imaginar otras formas de ser, y no ser, en mundos por venir", articula Negrón Muntaner.

A lo que Ramos Collado añade que "el asunto pendiente con Basquiat tiene que ver con revisar el concepto de celebridad desde su obra... En ese momento no se había desgastado como concepto como hoy, donde las celebridades son banales y cada vez más efímeras".

"Él dijo primero que muchos que la raza era un performance, que podías entrar y salir de ella", remata la curadora.

Su última pintura es un jinete sin caballo como yendo a otro sitio. También hay otra de las últimas en las que se lee una y otra vez la frase: Man dies. Está enterrado en el Cementerio de Greenwich en Brooklyn. En la cultura popular, todos saben a quién pertenece la corona de tres picos.

Publicado en la edición del
16 de junio de 2013 de *El Nuevo Día*

SALIR A BUSCAR GOLPES

A veces salimos a buscar sangre. No es un acto heroico, no es un gesto noble, no es bonito. Es, ni más ni menos, una de esas cosas de ser humano.

Y la sangre, el sábado 15 de marzo de 2014, nos espera en el Coliseo Rubén Rodríguez de Bayamón. Un sábado más de pelea como tantos que hay en esta isla donde sobran las palabras precisas para nombrar los golpes. Porque no es lo mismo decir un barrecampo, que un mameyazo. El primero viene de lejos, con el brazo abierto y el puño sólido y malintencionado; el segundo suena casi a accidente, un golpe duro que llega con algo de inocencia. Y por ahí está el bimbazo, el simbronazo, el cantazo, el centellazo, el burronazo, el aletazo y otras tantas palabras precisas para describir los golpes que se reparten cuerpo a cuerpo. Ese sábado los veríamos todos.

La cartelera promete. Diez combates, cada uno con su pequeña épica de fondo. Como el de Juanma López, quien luego de perder el favor mayoritario del público buscaba redimirse, o el del peso pesado Deontay Wilder a quien nadie ha vencido y venía a probarse una vez más como invencible. Y por sobre todas, la pelea estelar, el encuentro entre el boricua nacido y criado en Filadelfia, Danny García, y el mexicano nacido y criado en California, Mauricio Herrera.

Una pelea que llega en un momento en que en la isla no hay un gran campeón activo y con título vigente en el boxeo mundial. Cosa rara en un país acostumbrado a las reinas y los campeones, símbolos máximos del patriotismo de la belleza golpeada que tan bien nos describe.

Y la épica de Danny es diaspórica. Viene con la carga de que el nuevo campeón vino de allá, del pedazo desbordado de isla que nos devuelve mucho, así sea a golpes.

A las seis de la tarde ya han pasado las primeras tres peleas. El coliseo está casi lleno. Piñas coladas, cervezas, chicharrones de nombre "Junkiao" y unas cuantas delicias de pasillo y gradas están a la venta. En el centro, el cuadrilátero, sobre el cual cae un aura de luces azules y rojas siempre en movimiento, algo así como una jaula abierta e iluminada de la cual sólo puede uno salir con algo de sangre o sudor. Y sangrar y sudar no es poca cosa. Cuando el cuerpo se hace líquido es porque algo ha pasado.

Suenan cornetas y gritos, sobre todo cuando las modelos: una rubia, una india y una negra, suben a anunciar el número del *round*. Visten pantalones cortísimos y ajustados, con ombligo al aire y nalgas que se asoman rebotantes. Estas modelos sí tienen carnes sueltas y no huesos. La rubia es la favorita y cuando se dobla para atravesar las cuerdas y entrar y salir al cuadrilátero el coliseo completo delira. "Wá, wá, wá".

Abajo del ring merodean mujeres que han llegado aquí –la mayoría– arregladas, con pantallas larguísimas, cejas matemáticamente dibujadas, pantalones que se confunden con la piel y escotes generosos. Alguna que otra teta plástica y tacos altísimos, porque aquí casi todo lo bello duele de alguna manera. Los hombres lucen más casuales pero muchos igualan en la matemática de la ceja.

Cuerpos de hombres sólidos, de espaldas territoriales y abdominales caminables se reparten puños ante la mirada atenta del réferi que más que un árbitro parece un embalsamador con su elegancia de camisa de manga larga y guantes de látex. El último vestigio de elegancia queda en el presentador de traje y lacito, peinado y micrófono que habla con esa entonación que alarga sílabas y busca alimentar la expectativa. Pero la expectativa está ahí. A los golpes siempre se les esperan.

"Han sido muy cortas, la gente quiere ver sangre". Escucho decir a un hombre poco antes de que Juanma López suba al ring con una canción de reguetón que dice algo así como "rebuleando con un guille baja panty". Porque si una cosa es clara es que el boxeo en Puerto Rico es salsa y reguetón. Nada de canciones blandas, salsa gorda, pesada y reguetón directo y de abundante boconería. En el boxeo es tan importante el puño como su anticipación. No hay épica sin ofensa, sin drama.

Juanma se enfrentó una vez más al mexicano Daniel Ponce de León. El réferi, antes de empezar les dice algo así como "que gane el mejor, Dios los bendiga". Fue una pelea corta pero cumplió porque tuvo su digna dosis de drama. El boricua cae al piso primero, el público se pone de pie, gritan. El cagüeño remonta. Tumba al mexicano dos veces, la última fue contundente. El réferi abraza al mexicano y para la pelea con esa actitud de consuelo que tienen estos señores que miran los golpes más cerca que nadie.

Gana el de aquí, pero para el grupo de hombres que tengo detrás "la pelea estuvo mal pará". "Ese árbitro no sirve, tenía que dejarlo que lo matara, para que no cupiese duda de que ganó". "Tenía que ser un gancho o un volador". Quizás no hubo "suficiente" sangre.

El análisis va por ahí, con más pasión en las gradas y menor intensidad pero mismo contenido en el área de prensa donde estoy sentada a cuatro filas del ring, entre hombres –en su mayoría– que con sus computadoras abiertas observan con aire de filósofos del cantazo lo que tenemos de frente. Hay mujeres, pocas, pero las hay. Algunas periodistas y otras son las que van controlando detalles, obtienen los números, van con *walkie talkies* dando instrucciones, controlan algo, no sé bien qué. A mi lado un periodista juega sudoku en las peleas que no le interesan.

A Juanma le entregan su faja llena de brillo, espejitos y el tipo de adornos que se encuentran a un camino entre el canutillo y la lentejuela; como una corona para la cintura.

Al iniciarse la transmisión para Showtime ya el coliseo luce bastante lleno. Angelise García y Erika Méndez, la hermana y la novia de Danny García, suben al ring (¿escenario?) con vestidos largos de telas brillosas (muy parecidas a las telas de las trusas de los boxeadores), piernas visibles y escotes de espalda y pecho importantes. La primera canta el himno de los Estados Unidos y la segunda canta la Borinqueña con nuestra bandera en la mano. No se escucharon piropos, gritos o nada. Con ellas no. Hay un código.

La cartelera siguió y una de las más duras fue la pelea de los pesos pesados: 227 y 238 libras de músculos y tatuajes. Ninguno de los dos peleadores tenía un pedazo de piel sin tatuar, como si las cicatrices escogidas fueran más duras que las del deporte.

Esa pelea duró poco más de un minuto. Deontay Wilder entró con una máscara dorada en el rostro y fue abucheado duramente por el público del boxeo que no es nada generoso para los aplausos. Movía sus pectorales para la cámara como si bailara la danza del vientre pero con sus tetillas. Una cosa rara, la verdad.

Wilder noqueó sin mayor esfuerzo a Malik Scott y al instante fue ovacionado desde las cuatro esquinas. Aquí pasar de villano a héroe puede tomar un minuto. Sobre todo porque en el boxeo la gloria está en la caída. Es el deporte que más busca el suelo, es el lugar donde visitar la lona y levantarse es alcanzar la absoluta gracia.

"Si le das la gloria a Dios, él te dará la victoria". Dijo Wilder tras ganar haciendo eco de ese discurso religioso que permea en muchos boxeadores. Baja del ring mientras el público sigue embelesado en la repetición del nocaut. Gritan igual que cuando pasó. En este mundo los cantazos hay que confirmarlos.

Y por fin llega la pelea estelar. Herrera entra con su grupo y suena una ranchera de fondo que dice algo así como "aquí está tu gallo de oro". Lo abuchean pero el hombre no se amilana. Desfila con ganas, porque en el boxeo, no se entra, se desfila hasta el ring. Hay algo así como una dignidad del duelo, de los puños que no llegan inesperados sino que los vamos a buscar.

Danny García entra con Daddy Yankee, con un vejigante, banderas, con eso que llaman el maleanteo, la roncaera, o lo que es lo mismo, con el guille del que está en casa y se sabe favorecido.

Es curioso, porque todo eso se disipa cuando todo el mundo baja del ring y los peleadores se quedan solos con el árbitro. Hay algo en sus rostros, un instante muy breve en el que se les dibuja el miedo en la cara.

La pelea empezó y al poco tiempo el público se fue dando cuenta de que no sería una victoria segura. El mexicano, como dice uno de mis gurús del boxeo, José A. Sánchez Fournier, no se leyó el libreto. Pelea con corazón, aguanta golpes como si fuera una pequeña pared que se desplazaba. Pero García es bravo. No se deja y responde. Es un toma y dame casi parejo. Los chorros de sudor vuelan, una nariz chorrea sangre. Se respira el cansancio. Uno abre la boca más que el otro. Jadea. Es lindo el sudor cuando vuela. Es lenta la sangre cuando cae.

Los analistas vuelven entre round y round a disertar sobre si García tuvo o no exceso de confianza. Otros claman porque "le de por debajo del ala". Luego aprenderé que esa es una de las grandes señales del estilo de los boxeadores boricuas. "Dale un upper". "Puñeta". "Mete mano, cabrón".

"Mira, eso significa que metas caña, dito es que él no está acostumbrado, allá no dicen eso".

Nadie tocó el piso en esta pelea. Doce asaltos con el guante en la cara. Ganó García pero no ganó bonito. Al día siguiente el gobernador lo recibió en La Fortaleza, le entregó una bandera, lo paseó por el palacio.

El boxeador usó gafas. Cubrió los moretones del rostro. Los otros, los del cuerpo, los que por lo general los hacen orinar sangre días después de las peleas, no se ven. Algo así como la belleza de esta isla, mar y sol que disimula bien los golpes. Abdominales que esconden órganos adoloridos.

Publicado en la sección de crónica en la edición del 29 de marzo de 2014 de *El Nuevo Día*.

LOS MUCHACHOS DEL DIAMANTE

A Justo Ortiz

Durante décadas, casi todos los días, un hombre vio no uno sino dos juegos de pelota a la vez. Lo de tener dos televisores sintonizados le hacía gracia solo a él y a dos o tres más. Para la numerosa familia de la cual era el patriarca, solía ser un suplicio que rayaba en el aburrimiento y el letargo. Ver cómo pasaban las horas y ahí estaban esos hombres tirándose la bola, bateando a veces, corriendo de milagro en milagro, mascando tabaco, semillas o chicle, agarrándose lo que todos tienen en la entrepierna y escupiendo como si el ser pelotero significase que producen más saliva que el resto de los mortales.

Ese hombre que vivió más de noventa años, murió en su casa en la Calle Baldorioty de Aibonito, sin saber que su equipo, Los Cardenales de Saint Louis, ganarían ese año la Serie Mundial. Siempre fue estadista pero siempre odió a los Yankees.

No supo eso, pero supo mucho más. Sabía algo que los demás no, sabía que el béisbol es una de las mejores metáforas de la vida, sabía que en ese diamante y en ese parque el tiempo corre distinto, que siempre parece que no pasa nada y en un instante pasa todo. Sabía que era un deporte en el que había que saber leer miradas y descifrar señales, en el que no era mejor el de mejor cuerpo sino el que tuviese mejor destreza, como esa gente que simplemente sabe lanzar una piedra al río y hacerla salpicar. Lo puedes hacer o no. Lo tienes o no. Sabía que es un juego para ir a verlo, sin prisa, conversar con un amigo en las gradas mientras la vida pasa y te sorprende; o lo que es lo mismo, mientras una jugada te sacude el pecho por un par de segundos.

Ese hombre sabía que cada batazo, cada lanzamiento, es una versión distinta del mismo cuento que siempre es el mismo y nunca lo es. Sabía lo que sabe un amigo que me ha dicho que el béisbol podría vivir sin estadísticas pero las estadísticas no tendrían sentido sin el béisbol. Saben los dos que es el deporte que más mira al cielo, que quiere que la bola se pierda, salga del parque, vuele. Es el deporte de los signos, de la sospecha, del destino que siempre se trata de adivinar. Es el juego de los imparables, de salir de *home*, vivir la vida y volver al *dugout* para contarlo. Es un deporte con ruta y salida, aventura y final.

Quienes lo viven lo saben incluso mejor. Son esos peloteros que gozan ensuciándose el uniforme pegando pecho a tierra porque llegar a veces es eso, dejarse manchar. Esos muchachos que por más años que tengan –casi todos– conservan ese yo no sé y ese qué se yo de que son los muchachos del parque que con o sin millones no han venido a otra cosa que a jugar.

Con esto del Clásico Mundial de Béisbol, en el país se ha pensado mucho durante estas últimas semanas en nuestros peloteros. Hace mucho que no se llenaba así el Estadio Hiram Bithorn, de gente con ganas de ver la pelota volar. Se ha hablado mucho de las jugadas, de esa octava entrada contra Italia que nos devolvió la fe tras esa derrota aparatosa –y aquí sí que es justa esa palabra– contra el equipo de Estados Unidos.

Pero esto es viejo. De Ponce a San Juan y de Mayagüez a Fajardo se ha pensado mucho, durante décadas en estos personajes que son héroes de los parques de barrio donde cada semana se vive una épica distinta, desde hace más de 60 años cuando los nuestros empezaron a jugar en Grandes Ligas. El escritor Edgardo Rodríguez Juliá, cronista y fanático recogió un periodo central en su libro *Peloteros* (1997) que escribió después de la inolvidable Serie del Caribe de 1995 en la que el equipo de Puerto Rico era el *dream team* – con figuras clave como Roberto Alomar, Carmelo Martínez, Edgar Martínez, Rey Sánchez, Rubén Sierra, Carlos Baerga, Bernie Williams, Igor González y Carlos Delgado– que ganó ante República Dominicana.

La colección de crónicas arranca con el recuerdo del autor del Parque Idelfonso Solá Morales de Caguas, el parque de su infancia a donde lo llevaba su papá. "Los parques de pelota cultivan esa extraña complicidad entre padres e hijos, entre la memoria y el deseo", escribe y de inmediato recuerda que ese "parsimonioso pasatiempo nacional norteamericano" es una parte importante de nuestra herencia colonial. Como todo lo heredado de esa forma, ha pasado por su natural proceso de antropofagia. O dicho, como se dice en el parque, que aquí se mascó y salió otra cosa.

"Sazonamos el juego; no lo inventamos pero le añadimos un sabor particular", dice en su texto en el que enumera las sabrosuras añadidas como esa manera de batear de algunos con más *swing* que una locomotora, esos lanzamientos en cuclillas, las cadenas de oro, las pantallas, los recortes ricos suaves o eso de darse un cantazo en la nalga para celebrar en lugar de una palmada mesurada y contenida.

Confiesa, como quizás lo haría si viviera el señor de los televisores, que "es un deporte de filósofos". Pero en la filosofía también hay placer, por eso para Rodríguez Juliá es un deporte "orgásmico" que trabaja sus tensiones a fuego lento y, a veces, con maña y suerte, explota.

Para entenderlo, primero hay que ir al parque.

Es viernes en la noche y el Estadio Hiram Bithorn está repleto. Se celebra el Clásico Mundial de Béisbol y Puerto Rico juega contra España. Está clarísimo que Yadier Molina y Luis "Wicho" Figueroa son los más queridos en los *bleachers*, donde todo el mundo cuenta que no quedan camisetas de Wicho y cada vez que uno de ellos va al bate parece que allí se vive un pequeño terremoto. Por momentos pasa poco y la gente se entretiene. Tienen, lo que se dice la jodeína encendida. Al pobre hombre que vende pizza, más de uno le ha preguntado con la pavera entre los dientes: ¿Eso tiene salchichón? A la menor provocación se escucha algún chiste de obviedad sexual de bates y bolas, de gente que llega a primera o a segunda base. Bienaventurados son, en esos relatos, los que cruzan tercera y llegan a *home*.

Suben y bajan con la cervecita, gente ágil y viejos lentos. Un vejigante perdido va de esquina a esquina y la gente le responde emocionada. Hay pleneros en todas partes y el cencerro suena como si tuviese un amplificador. Hablar con cualquiera al azar es escuchar la misma historia. Casi todo el mundo allí tiene un padre, un primo, un hermano –o son ellos mismos– que jugaban pelota y estuvieron a punto de ser grandes estrellas. Nicky de Villalba me dice que su papá era uno de los mejores de la región y que él habría querido ser como él pero "ya tú sabes mami, los malos pasos". (Conste, que aquí el mamiteo es imperativo, no hay remedio). Tiene una gorra, las cejas finitas y habla con la lengua pesada pero no parece haber bebido. No tiene un tufo contundente. Ha de ser algo de su *flow* al hablar.

Trasladarse de un lugar a otro en esas gradas es exponerte a que por ejemplo, si andas despeinada, venga uno y te señale, empiece a cantar "Pelo suelto" de Gloria Trevi y en segundos media grada le haga coro. Hay que reírse. En ese universo sobre el metal de los *bleachers* solo hay espacio para el vacilón.

Puerto Rico ganó esa noche y cómo no, según los entendidos habría sido una deshonra histórica que no sucediera así. Porque el béisbol, como todo deporte en esta isla, es una de las pocas oportunidades en las que muchos recuerdan que somos país. Una independencia que se ensaya a batazos. "Por eso duele más cuando se pierde contra Estados Unidos, yo creo que es el complejo colonial que no los dejó ganar", me dirá días después un compañero después de la zurra en la que perdimos 7 a 1 y que quedó inmortalizada perfectamente en esa foto de Ángel Pagán, bate en mano, cabizbajo y arrodillado, lamentando su error. Fue la portada de *El Nuevo Día*.

"Cuando Puerto Rico compite con otro país se cree soberano y grita: ¡Mira, me reconocen! ¡Existo! Da un sentido de identidad que bastante falta que hace", dice el reconocido exdeportista, coach, comentarista deportivo y escritor José "Fufi" Santori, para quien, si bien es cierto que este Clásico recupera algo de ese nacionalismo deportivo que se exacerba en los eventos internacionales, también lo es que no es la pelota el deporte que más fama internacional le ha dado a Puerto Rico. "Ese lugar lo ocupa el baloncesto, que también es el deporte más cercano al pueblo porque es el deporte que más se juega en las escuelas. El béisbol es muy caro. Estados Unidos tiene los deportes más caros del mundo. La pelota se juega poco internacionalmente. Tú dices Roberto Alomar en Argentina, en Japón y nadie sabe quién es, dices Piculín Ortiz y es distinto".

Pero Fufi también sabe que la pelota tiene su encanto. "Es recreativo, es destreza". A eso añade un elemento particular del jugador puertorriqueño. "Nosotros gozamos más que los americanos esas victorias de conjunto. Estados Unidos es un país de héroes, muy individualista, compiten más el uno contra el otro. Nosotros aún somos más gregarios", reflexiona y sintoniza con esa idea que propone Rodríguez Juliá en *Peloteros* de que el béisbol es "como el espíritu del capitalismo, un deporte de equipo, corporativo, y a la vez rigurosamente individualista".

De ahí, quizás, que hoy día para muchos el jugador más importante es el que lleve la cifra de millones más alta al lado de su nombre. Pero eso es solo a un nivel, pues hay fanáticos que siempre mirarán más un bateo con gracia o, como muchos dicen de Roberto Alomar, un estilo elegante en cada movimiento.

En el dugout

Rafael Acevedo es escritor y todos los domingos va al parque a jugar pelota. La pasión pelotera empezó temprano. Su papá le regaló cuando era muy niño un uniforme –gris con franjas rojas de una tela que picaba– y un libro, *Moby Dick*. Las dos pasiones llegaron juntas, en la misma caja.

Del béisbol lo primero que le gustó fue el modo en que identificaban a los jugadores. Entonces, eran los tiempos del Divino Loco, El Fogón Boricua, Humo en los Ojos. "Había un vínculo comunitario grande. Los Cangrejeros terminaban el juego y se iban a comer al barrio. Eso se ve cada vez menos", recuerda Acevedo, para quien la pelota es un juego "anacrónico pero jamás aburrido".

"Es como de otra época, de sociedad agrícola, con el jardín central, la loma, el hogar, la grama. Tiene otro tempo, hoy día se quiere gozar ahora".

Fufi Santori, por otro lado, advierte que esa distancia tiene que ver también con que al fanático le gusta ver calidad, y muchos de nuestros grandes jugadores, seducidos por las oportunidades que les brindan las ligas americanas, dan el salto, casi siempre, para siempre.

Pero dar el salto no siempre es cosa fácil. Al otro lado del teléfono, desde su hogar en San Francisco, Orlando Peruchín Cepeda –uno de nuestros tres integrantes del Salón de la Fama del Béisbol– contesta el teléfono. Está feliz de hablar de sus experiencias. Quiere aportar desde su retiro.

"No había oportunidad para tal cosa como una relación estrecha con la fanaticada porque tú llegabas al parque a las tres, si el juego es a las siete. Practicabas, te cambiabas de ropa y a jugar. No había mucho espacio para compartir. Eso es un problema que tiene el atleta. Te retiras y no tienes muchas amistades porque has vivido encerrado", cuenta Cepeda, quien hoy día trabaja con el equipo de San Francisco, ciudad que conoció mucho tiempo después de haberla representado con el uniforme.

Allá se percibe feliz. "En Puerto Rico se olvidan de muchos de nosotros. Me da mucha pena aunque siempre hay alguien que se acuerda de uno", lamenta el pelotero que hacía el contraste perfecto entre sandunguerismo y disciplina con Roberto Clemente. Cepeda tocaba tambores, bailaba y gozaba con su personalidad de barrio, mientras Clemente exhibía la rigurosidad y la formalidad del campo, la pulcritud absoluta de la concentración. Entre los dos eran un retrato de ese país a medio camino que se iba formando.

"Cuando me fui para allá casi no había puertorriqueños. Vivimos el discrimen, el racismo fue muy duro pero yo soñaba con ser pelotero como mi papá".

En aquella época, en los 50, a los 17 años Peruchín Cepeda ganó apenas $500 por ir a las pruebas, dinero que tuvo que usar para pagar el entierro de su padre. No había dinero. Su hermano estaba en la guerra. No pudo volver. Al año ganaba unos $7 mil. "Ahora son 20, 25 millones. En la vida cambia todo pero lo que no cambia es lo que necesitas para ser pelotero. Eso es un don, naces con él. El pelotero reacciona, nadie enseña a nadie, tú aprendes mirando. Es un trabajo físico y mental", afirma con la tranquilidad del deber cumplido. "Abrimos paso y mira ahora".

Hay nostalgia en su voz. Quizás sea obvio por todo lo que ha vivido. O quizás, ver el tiempo pasar así lento y además vivirlo tampoco es fácil. Aquí la gente lo quiere, trajo muchas alegrías. Lo demás, es lo demás.

Tal vez no es nada de eso y Rodríguez Juliá lo resume mejor: "El Caribe es una sucesión de soledades que sólo se superan mediante las herencias coloniales, tales como el azúcar, el disparate y el béisbol".

Lo cierto es que todos ellos han sido y son figuras modelo para más de un muchacho. Sus vidas cuentan cuentos de cómo la disciplina lleva a alguna parte o de cómo es posible perderse cuando el éxito llega y no es bien entendido. Son de la gente y la gente lo sabe. Qué mejor ejemplo que la arrolladora defensa de Igor González en sus líos recientes con Olga Tañón. Es como si el que la sacó del parque, el que les hizo mirar al cielo gozara de una especie de amnistía, la misma de la que gozan todos aquellos que sabemos nuestros.

Es miércoles y Puerto Rico le ganó a Italia por la vía del milagro. Las redes sociales se inundan con frases que celebran el poder del mofongo sobre el spaguetti. Dicen que el nuevo Papa tiene apellido italiano y eso debe bastarles por un día. Los juegos siguen. Llega el viernes y con él, la redención. El equipo boricua elimina a los Estados Unidos en uno de esos juegos en los que medio mundo anda pidiendo a gritos la pastilla para la presión. Como es obvio, en Puerto Rico ganarle a Estados Unidos no es cuestión de juego y deporte; mucho tiene que ver con la dignidad. Se despierta un patriotismo que algunos ven profundo y otros como una nostalgia superficial. Un día después el equipo dominicano le gana a los boricuas. Dicen que se trató de un duelo de platanales: mofongo vs. mangú.

Y el domingo llega casi sin anunciarse. Suena "La Borinqueña" en el parque en San Francisco y en el público no solo hay cencerros, también hay pilones que suenan y repiquetean. Puerto Rico le gana al dos veces campeón del mundo. Eliminan a los japoneses. Los comentaristas deportivos no lo creen, los japoneses no lo creen, pero los muchachos del diamante lo creen y cantan como Calle 13 "qué pensarán de nosotros en Japón, pon, pon". Es la primera vez que Puerto Rico llega a una final en un deporte de conjunto a nivel mundial. Falta un juego. Lo verá mucha más gente. Quien no sabía lo que era un *out* ahora lo sabe.Algo ha quedado.

Publicado en la edición del 17 de marzo
de 2013 en el periódico *El Nuevo Día*.

EL DÍA EN QUE ENTERRARON A CHEO FELICIANO

El lunes pasado en Ponce sudar y llorar fueron la misma cosa.

A las diez de la mañana en el complejo ferial Juan Cintrón de la ciudad sureña el calor es señorial, y el llanto –esa agua salada, mar que sale de los ojos– es sonoro y, ¿para qué negarlo?, un poco festivo. La calle que conduce al lugar está llena de guaguas amarillas, cuento más de veinte y pierdo la cuenta. Son de hogares Crea de distintos pueblos de la isla, esa institución a la que un hombre se entregó por tres años para cambiar su vida, y hoy, en su última andada, no lo ha dejado solo.

La fila para entrar es larguísima, pero nadie protesta, nadie parece tratar de colarse. En una esquina un grupo de personas carga una enorme pancarta que tiene la forma del mapa de Puerto Rico y que lee: Te recordaremos Cheo, tu gente de Cantera. Adentro, del techo, cuelga una enorme bandera roja y negra de Ponce, y de rojo y negro también están vestidos los integrantes del coro y la banda municipal de la ciudad. Flanqueando la bandera, cuelgan además dos pancartas largas con carátulas de algunos de los discos de Cheo Feliciano, el cantante que murió el Jueves Santo en un accidente de tránsito antes de que saliera el sol; un suceso que sacudió la cotidianidad de esta isla a la cual pocas cosas le duelen tanto como perder una voz.

En el centro, sobre una pequeña tarimita, el féretro y el cuerpo expuesto del cantante están allí a la vista de todos. El gobernador Alejandro García Padilla ha llegado, también la alcaldesa de Ponce María "Mayita" Meléndez, el presidente del Senado Eduardo Bhatia y otros tantos legisladores también están aquí y han presentando sus respetos a la viuda del cantante Socorro "Cocó"Prieto y a toda la familia que observa sentada cómo la gente se acerca poco a poco. Toman fotografías del cuerpo expuesto y se despiden de él como se despedirían de alguien muy suyo, de su familia. Hay algunos dibujos dentro de la caja, y en la tapa unas notas musicales que quedarán justo sobre su frente cuando su familia se despida de su cuerpo. Varios han hecho guardias de honor, la más emocionante quizás fue la de Crea, llena de rostros jóvenes y vívidos que están hoy en la misma ruta que Cheo caminó.

Y pasa la gente, y se despiden de Cheo, pero él de alguna manera está allí. "...un cadáver de *cuerpo presente* es una presencia inquietante, precisamente por el hecho de que la ausencia no acaba de cumplirse del todo", dice Edgardo Rodríguez Juliá en la primera oración de su icónica crónica

El entierro de Cortijo.

Pero no a todos les inquieta el cuerpo expuesto. En una esquina o en dos se juntan unos cuantos músicos y empiezan a cantarle plenas a Cheo, algunos llevan camisetas con los rostros de Pete "El Conde" Rodríguez, Héctor Lavoe y Cheo Feliciano, tres voces ponceñas que ya sólo viven en la música.

El gobernador ofrece un mensaje. El pelo le ha crecido un poco desde que se lo cortó cortito y se le notan más las canas, dice algo curioso, invita a que gobernantes, alcaldes, representantes, se miren los unos a los otros, como decía Cheo, como familia.

Llega el turno del hijo menor de Cheo, José Luis Feliciano, toma la palabra. Es un hombre joven, no muy alto y absolutamente religioso. Pide un minuto de silencio para orar, pero el murmullo no se apaga de ninguna manera. De todos modos, Chegüi, como le apodan, comienza una oración intensa en la que pide que todos repitan: "Yo lo acepto como mi único señor y mi salvador". De repente parece que estamos en un culto, pero a lo lejos se escuchan las rumbas de esquina, como siempre en la muerte sucede todo a la vez. Los homenajes continuaron, José Juan Tañón cantó "Soñando con Puerto Rico" y el artista ponceño Ramón Rivera Cádiz le entregó a la familia un enorme cuadro que hizo con la imagen de Cheo.

Y estamos allí en medio de la muerte y no hay tal cosa como solemnidad. Hay más bien una sensación de familiaridad, como de fiesta patronal. ¿Será que son de algo patrones los cantantes? Unos contaban cuando lo conocieron, otros aprovechaban la presencia de los integrantes de El Gran Combo para sacarse una foto. Llanto, no se ha visto todavía.

Sal y agua

Puede que sea una cuestión de percepción pero las aguas del Caribe son mucho más claras que nuestras aguas atlánticas del norte. Hay algo más cristalino allá abajo, es, ese mar, mucho más espejo. Entonces el sol rebota más fuerte y ciega de veras, como con ganas.

De camino a la casa donde se crió Cheo en la calle Guadalupe del pueblo de Ponce pasamos los helados de la plaza donde había más gente de lo usual, todo el mundo pendiente a que en este día algo está pasando en el pueblo. En la ruta hay varias botánicas, pasamos por el Club Plomero del Sur y por la entrada del Panteón Nacional Román Baldorioty de Castro a donde –se dijo– sus restos serán trasladados dentro de uno o dos años. Pasamos una casa en construcción y, trepados en el techo, tres hombres escriben con macilla sobre un panel de madera: "Juan Albañil Familia".

La casa es una casita sencilla, pintada de verde, más abandonada que otra cosa aunque los vecinos cuentan que la familia viene de vez en cuando a ocuparse. Hay flores sencillas amarradas a las verjas, y decenas de personas se van ubicando con sillas de playa, sombrillas, congas y otros instrumentos en los alrededores. Un hombre vestido de negro con boina negra, baila mientras ondea una bandera de Puerto Rico. En la casa de al lado, un rosal salvaje enmarca la escena. Suena "Castillos de Arena", el sol empieza a derretir cuerpos y hielos y cuando se miran los rostros no se sabe si es lágrima o gota de sudor, y a decir verdad, ya no importa.

La gente sigue llegando y se forma un círculo de rumba dentro del cual dos niñas bailan una salsa sabrosa con más ritmo y alegría que una legión de caderas libertarias. En medio de todo, un hombre pasa y lentamente le baja la capota a su auto convertible, mientras ya comienzan a avistarse las primeras botellas de cervezas sudadas de la tarde.

Se siente la expectativa y varias mujeres asumen el liderato y van diciendo: ¡abran paso que por ahí viene Cheo! El resto sigue cantando o bailando, o todo a la vez.

Suena "Amada mía" y llega por fin la comitiva fúnebre a la calle. Va presidida accidentalmente por un hombre robusto con una camiseta de Súperman, que abre paso en bicicleta. Llegan decenas y decenas de motoras y bicicletas, tanto de la Policía como de ciudadados. Cuando se asoma el primer coche fúnebre con flores la gente empieza a gritar: ¡Un aplauso a Cheo! ¡Viva Cheo! ¡Te queremos Cheo! ¡Cheo Vive!

Pasan tres coches con flores y al detenerse los conductores –valientes seres con chaqueta negra en este calor– se bajan de los coches para tomar fotos. El carro en el que va el ataúd lo conduce una mujer y sobre él ha caído una flor amarilla. Detrás, en una van y otros carros va la familia del cantante.

Se detienen allí unos minutos y escucho a una mujer sollozar frustrada: "Primero Héctor Lavoe y ahora esto".

Salir de allí requirió estrategia. Fotógrafo y reportera corrieron como se corre para detener el tiempo. Segundos después estábamos en ruta al Cementerio La Piedad.

Adiós Cheo

Recorrimos varias millas y en dondequiera en el pueblo se escuchaba a todo volumen la música de Cheo, a ambos lados de las calles, gentes y gentes –probablemente miles– se acomodaban para esperar el paso del cortejo fúnebre. Se ven letreros más o menos elaborados, cartulinas que leen: Boulevard Cheo Feliciano o Cocó te amo, como si ahora fuera la gente quien le devolviera la voz al que se ha ido. Hay palos de mangó y al acercarnos al cementerio una guagua enorme de la Utier suena "Los entierros de mi gente pobre" y se ven las flores de plástico de las que él cantaba en esa canción, se ven maracas y cencerros con los que la gente canta y grita: ¡Buen viaje Cheo!, como él decía. Luego suena "Sobre una tumba humilde" y la expectativa aumenta.

Entre la gente, se ve un hombre con una flor que se nota ha sacado del jardín de su casa porque la lleva envuelta en papel toalla. Espera a que llegue la comitiva para entregarla a la familia. Todo se va documentando poco a poco con los celulares, con esa hambre de nostalgia urgente que quiere vivirlo y recordarlo todo al instante tan propia de estos tiempos.

El calor ya no es de Dios y los negocios de los alrededores empiezan a hacer su agosto multiplicando cervezas en las manos de los presentes como panes y peces.

Decenas de motoras flanquean la entrada del cortejo y a las 2:45 de la tarde suena "Amada mía" una vez más y llega la comitiva. La gente lanza flores, grita, sigue bailando. Pero al entrar todos, la Policía tranca los portones y no dejan entrar a nadie más que a los familiares y amigos.

El más indignado parece ser un hombre blanco, enrojecido por el sol, quien con una cerveza en la mano empieza a gritar que eso que está sucediendo es injusto porque "¡Cheo es mi familia!". Otros se quedan callados, con las dos manos agarradas a los portones esperando. Hay quien suplica y se empiezan a escuchar frases como: "Aquí está Juan Albañil otra vez", "Esto no es de gente humilde", "El pobre nunca ha tenido protocolo", "Búsquenme una tijera que voy a cortar esa cadena", "Nosotros los hemos cargado a todos". Bobby Valentín intenta entrar y al poco tiempo recibe acceso. Pero la gente sigue esperando y la frustración aumenta.

No se logra ver prácticamente nada porque las guaguas tapan la vista. Suena "Salomé" y los que se rindieron se quedan bebiendo o bailando en los alrededores, mientras poco a poco la multitud se va dispersando.

Una mujer llama la atención. Es una señora mayor, pequeña, negra de pelo cortísimo que sigue pegada al portón. Se llama Milagros Albizu Ríos. "Esto está malo, es injusto, yo los enterré a todos, a Cortijo, a Ismael, a Héctor". Cerca del portón, una anciana se sienta sobre una neverita mientras sus familiares la abanican.

El calor ya no sólo castiga, se regodea en hacerlo. El piso es una hornilla y ardemos todos.

Al poco tiempo anuncian que una vez culmine el acto familiar y se cubra la tumba abrirán los portones. Pasa como una hora, quizás más o menos, con el calor el tiempo funciona diferente. Entonces, finalmente, se abren los portones. Apenas quedan unas cuantas decenas de personas que entran y rodean la tumba del cantante. Rezan juntos un Padre Nuestro y le hablan con cariño, le cuentan que allí hay gente del Bronx, de Florida y de todas partes. "Cheo, tienes una familia de todos los colores", le dicen. "Nos nos dejaron entrar antes pero aquí está tu familia, Cheo".

Van tomando la palabra unos y otros. Rodean la tumba, ponen flores, mensajes. Héctor Bermúdez Zenón, presidente del Museo de la Mujer y el Hombre Negro de Puerto Rico toma la palabra y, tras anunciar que la institución ha declarado a Cheo como monumento nacional, ofrece unas palabras conciliadoras: "Es cierto que aquí ocurrió lo mismo que para Juan Albañil pero hay que tener compasión, en un momento de dolor las personas pueden equivocarse". Luego Julio Muriente comienza a despedir el duelo, diciendo que para que un pueblo se movilice así no basta ser un gran cantante, hay que ser también un gran ser humano.

Poco a poco sigue llegando gente, un hombre carga como bandera la famosa toalla de playa de los Indestructibles y mientras siguen hablándole a la tumba, un hombre se inclina y arregla con ternura una bandera que han colocado sobre las flores.

Ya el calor se ha rendido. Cae la tarde por fin y nos damos cuenta de que Cheo se ha ido con el sol.

Publicado en la edición del
26 de abril de 2014 de *El Nuevo Día*

III

Bienvenidos a la era de la nostalgia urgente

¿TODOS SOMOS FOTÓGRAFOS?

Si perdiera su celular, ¿podría sobrevivir sin publicar en alguna red social una foto de su almuerzo, o de su gato mirando la lontananza o de algún paisaje conmovedor? Exagero, sí. Pero toda exageración parte de algún lugar real y en el caso de la proliferación de imágenes compartidas en redes sociales, no puede negarse que estamos ante una tendencia sólida de una nueva narrativa de la cotidianidad.

En la mañana una imagen de un sol saliente y un café, a media mañana alguna documentación del trabajo del día o de #laoficinadehoy. Al medio día saltan en pantallas alrededor del mundo miles de imágenes de hamburguesas y ensaladas, y la tarde va cayendo con la entrada de fotos de bicicletas, de encuentros sociales, de eventos deportivos, atardeceres memorables. Todas ellas, por lo general, son fotografías tomadas con teléfonos celulares y pasadas por los filtros de aplicaciones como Instagram o Hipstamatic –entre tantas otras– que por lo general tienen un aire de fotografía vieja, algo así como fotos que serían el resultado de poner la memoria en esteroides.

El 27 de febrero de este año Instagram celebró el haber sobrepasado los 100 millones de usuarios activos apenas un año y un mes después de su entrada al mundo de las aplicaciones. Meses antes, en mayo del 2012, celebraron que cada segundo se subían a la red social 58 fotografías y un nuevo usuario se registraba. Números que no deben sorprender si se toma en cuenta que hoy día en el mundo hay activos alrededor de 3.5 miles de millones de los llamados teléfonos inteligentes. Y si se trata de fotografías y redes sociales, basta mirar hacia la reina de estas: Facebook, una red en la cual cada día sus usuarios publican 100 millones de fotos, cifra lógica para un espacio en el que interactúan cada mes más de mil millones de usuarios.

Son estadísticas que hablan de la voracidad con la que se consumen imágenes en la web. Ya desde los 70, Susan Sontag –en su colección de ensayos *On Photography* (publicada en el 1977 y donde recoge sus visiones sobre el tema desde 1973)– advertía que la fotografía generaba en las personas una relación de vouyerismo crónico con su entorno. "Hoy día todo existe para acabar en una fotografía", palabras de Sontag que resuenan en esta segunda década del siglo XXI.

Las de hoy son fotografías del ahora que lucen como recuerdos. Saludemos pues a la vejez instantánea. Porque en el 2013 no parece haber tiempo para esperar el paso del tiempo. Bienvenidos a la era de la nostalgia urgente.

"Los ciclos de nostalgia se han vuelto tan cortos que tratamos de inyectarle sentimentalismo al momento presente, al recurrir por ejemplo a ciertos filtros que dan a las fotografías un aire antiguo. La nostalgia exige el paso del tiempo. No es posible acelerar el florecimiento de recuerdos significativos", escribió la profesora de la Universidad de Princeton, Christy Wampole, en su ensayo "Contra los hipsters o cómo vivir sin ironía" publicado en la revista colombiana *El Malpensante*.

Esta idea claramente revela, como una de las señales más claras para entender la cultura contemporánea y las nuevas generaciones, el modo en que hoy día se documenta el diario vivir. Somos imagen, consumimos imagen y nuestra relación con la fotografía es cada vez más cercana. Ahora, ¿significa esto que hoy día todos somos fotógrafos? O como ya muchos se han preguntado en blogs especializados: ¿Estas aplicaciones hacen magia o mediocridad? ¿Somos menos interesantes sin filtros de colores? Y más importante aún: ¿Qué retos le depara esta tendencia a quienes ejercen la fotografía profesionalmente, una profesión que requiere no solo un complejo dominio técnico sino una educación visual y cultural abarcadora?

Un debate que crece

El 31 de marzo pasado apareció en la portada de *The New York Times* una fotografía hecha con un iPhone y editada en Instagram del fotógrafo de deportes Nick Laham. La imagen, un retrato del pelotero de los New York Yankees Alex Rodríguez –licenciada a través de la gigantesca agencia Getty Images–, generó todo tipo de controversias y reacciones.

No es la primera vez que una imagen realizada con teléfono llega a la primera plana de un diario de ese nivel e influencia mundial. Muchos recuerdan el foto ensayo premiado del fotoperiodista Damon Winter publicado en el mismo diario en el 2010, en el que se presentó una serie de fotos de la vida diaria de soldados estadounidenses en Afganistán editadas con Hipstamatic. Winter, en un foro convocado por el portal Poynter, defendió su decisión de trabajar ese foto ensayo en particular con su teléfono por entender que era la herramienta ideal para lograr no solo una mayor cercanía con los sujetos, sino lograr imitar las imágenes del día a día que ellos mismos capturan y envían a sus familias. "Una cámara grande hubiese resultado intimidante", expresó en el foro en el que lamentó que la discusión se hubiese centrado en la plataforma escogida y no en la historia de los soldados. Sobre las críticas a los filtros y consideraciones estéticas que usó, algo visto por muchos como una manera de manipular la noticia, respondió: "Estamos siendo inocentes si pensamos que la estética no juega un papel importante en la manera en que como fotoperiodistas contamos una historia. No somos fotocopiadoras andantes, somos contadores de historias. Observamos, escogemos momentos, enmarcamos pequeños pedazos de nuestro mundo con nuestros lentes, incluso decidimos cuánta iluminación les daremos a nuestros sujetos y en todas esas decisiones le estamos dando forma a la manera en que una historia es contada".

"En el corazón de cada imagen sólida están los mismos fundamentos: composición, información, momento, emoción, conexión. Si la gente cree que esto es una herramienta mágica que hace que todo se vea bien, están equivocados", añadió.

Con él coincide el fotoperiodista argentino, recientemente galardonado con un Pulitzer por su trabajo en Siria, Rodrigo Abd, quien advierte que el que una imagen sea buena o mala –sobre todo en el fotoperiodismo– no depende solo de consideraciones estéticas sino del contenido. "Quedarnos en la discusión del formato es perder un poco el foco. Hay que pensar en qué estamos haciendo y por qué, a qué dedicamos nuestro tiempo. No me preocupan los formatos, me preocupa que cada día se le dedique menos espacio a las cosas importantes".

Pero esto es un precedente que, aunque inevitable, ha generado preocupaciones que vuelven más compleja la discusión. La periodista Megan Rose Dickey, bloguera de *Business Insider*, advirtió en una columna que casos como la portada de *The New York Times* representa un problema para la fotografía tradicional porque "las habilidades necesarias para hacer hermosas fotos que son dignas de la portada de un periódico siguen disminuyendo rápidamente".

Cambio inevitable

De otra parte, no puede ignorarse que vivimos en la era de la inmediatez. "Y qué pasa cuando las primeras imágenes que tenemos de un evento, como el que acabamos de ver en Boston, provienen de Twitter. No es la herramienta principal pero es una herramienta más", ejemplifica la editora de fotografía de GFR Media, Carla Martínez, quien considera que no hay una competencia directa con los profesionales de la imagen pero "si llega una foto buena, que tiene la resolución y la calidad necesaria no podemos decir que no la vamos a usar. Ahora, no es lo mismo un ciudadano común con un teléfono o una cámara que un fotoperiodista. No tendrás el mismo resultado. El fotoperiodista es más arrojado, cuando la gente huye, ellos corren hacia los eventos. Toman decisiones de apertura o de velocidad; si es un teléfono, de cómo encuadrarlo. Logran que el teléfono trabaje para ti y no al revés".

Esto último plantea la misma pregunta que recientemente la maestra del dibujo Deanne Petherbridge comentó en su visita a San Juan, respecto a si las nuevas tecnologías en materia de creación son en realidad pequeñas cajas en las que nos autoimponemos límites para crear.

Sea cual sea la respuesta, muchos advierten que no es posible ignorar estas nuevas plataformas, sobre todo porque representan un inédito lenguaje visual que hay que conocer y utilizar. "Las cámaras son nuestra principal herramienta de trabajo, sí. Pero no necesariamente tienes que usar una cámara grande y costosa para llevar un mensaje. Uno no cancela el otro, es una herramienta más", enfatiza la editora.

Para Frank Elías, fotógrafo y director de comerciales y un usuario activo de Instagram, el que existan estas plataformas es muy positivo porque representan la democratización del acceso a la imagen. "'Nunca he sido purista. Pasó lo mismo cuando se dejó de usar película, se cambió el formato grande por 35 milímetros", recuerda y asegura que "en cualquier momento cualquiera podría hacer una buena foto con estas herramientas pero lo que marca la diferencia es el entrenamiento que tenga la persona, la educación visual. Puedes aprender a usar una cámara en un día pero tener un discurso visual es otra cosa", dice Elías, para quien –en términos de la calidad de una imagen– el conocimiento técnico "representa un 10% y el tú saber para dónde vas, investigar, fajarte, el concepto definitivamente es un 90%", dice el fotógrafo quien trabaja en la publicación de un libro que recoge fotografías que ha publicado en Instagram.

Su idea sintoniza con lo que Abd considera será el reto para los fotoperiodistas de cara a los cambios en la tecnología. "Tenemos que ser más periodistas que fotógrafos, conocer la historia del lugar en donde estamos, los personajes", afirma. Para Martínez, a esto hay que añadirle la necesidad de responder a la inmediatez del mundo contemporáneo sin ir en detrimento de la calidad de las imágenes.

En ese conocimiento del contexto de un evento radica el discernimiento para lograr una imagen efectiva y llegar a lo que el fotoperiodista del *Chicago Tribune* describe en su blog: "Las fotos de Hipstamatic o Instagram pueden hacer el fotoperiodismo más relevante a un público visualmente abrumado".

Aún así la disyuntiva crece ante el hecho de que esto ha representado un reto para aquellos que quieren vivir de una profesión para la que se han formado.

"El negocio de la fotografía se ha visto afectado en un sentido, y sí, hoy en día es mas fácil ser 'fotógrafo' pero mucho más difícil ganarse la vida como fotógrafo. Aún así yo no diría que está en peligro, sino en un momento de cambio. Las cámaras son más baratas y la parte artesanal de trabajar la fotografía parece haberse resuelto con apretar un botón.

Parece que todo el mundo es fotógrafo, pero no es así. El fotógrafo profesional conoce su herramienta y la usa para interpretar lo que quiere transmitir. Conoce el resultado de abrir un diafragma o disminuir la velocidad de la cortina, o el efecto de la combinación de ambas, no se recuesta de la suerte, sabe exactamente lo que quiere y ajusta su herramienta para conseguirlo", reflexiona el fotógrafo profesional Luis R. Vidal, quien ha trabajado desde fotografía artística, fotoperiodismo, editorial y fotografía comercial. Actualmente utiliza Instagram como una especie de bitácora fotográfica. "También existe un reto importante en orientar al cliente", añade Vidal, para quien lo esencial es aceptar el cambio y ser creativo con él.

El debate no acaba aquí, es un espiral que sigue creciendo. Si bien es cierto que las nuevas tecnologías continúan transformando la industria de la imagen y las herramientas desde las cuales se trabaja, también lo es que todo el que agarra un lápiz no es dibujante. Se requiere un conocimiento y una educación –formal o no– para dominar la herramienta. Lo mismo aplica al profesional de la fotografía. Él sabe algo que usted y yo no.

Publicado en la edición del 21 de abril de 2013 de *El Nuevo Día*

RECUPERAR EL TACTO

Y entonces voy al cine y veo esa película que quería ver hace tiempo, de la que todo el mundo me hablaba, la que llegó tarde a la isla cuando ya tanta gente me la comentaba de afuera. Leía los blogs, las reseñas. La esperaba. A ella digo, a *Her*.

Y llego al cine de Miramar y me encuentro con gente que conozco hace poco y gente que conozco hace mucho. Y me saludan de beso y, aunque voy sola, estoy en el cine y me siento parte de todas las conversaciones.

Y veo a ese hombre –sin nalgas, sin carcajadas, sin prisa para nada– que se ve guapo de todas maneras aunque me cuente cuentos de erotismo sin cuerpos, aunque parezca un loco durmiendo en la playa con ropa y mirando el ojito de una camarita que lo espía cuando duerme.

Y lo veo enamorarse de una voz y pienso en mi grabadora, llena de voces de gente que he entrevistado alguna vez, voces cuyas historias he transcrito –esa parte siempre es la peor– y alguna vez me he enamorado por un par de horas de alguna de esas voces. Porque enamorarse de una voz no es tan difícil, te engancha el sonido como una invitación a bailar. En fin, que a veces parece eso, que las voces andan pescando cuerpos.

Y lo veo, y la escucho, y les creo. Porque si creo en la ficción como una religión, cómo no voy a creer en un amor que existe porque se va narrando, porque a veces –inevitablemente– el cuento prescinde del cuerpo.

Y salgo del cine, y me acuerdo de la adolescencia en Aibonito, de la gente nueva que conocí en ICQ –muchos son amigos al día de hoy, otros todavía son letras que aparecían en la pantalla-. Allá, frente a esa máquina, conocí esa cosa nueva del interné y encontré tantos interlocutores, quizás el primero de ellos en mí y en mis reacciones a los estímulos que venían de esa caja –porque todavía era caja y no delicada tablita– y los segundos interlocutores en la cantidad de letras, voces, ficciones con las que sintonicé por un rato.

Y entonces, me doy cuenta de que siento nostalgia de voces, letras, ficciones, gentes, espacios virtuales tantas veces tanto o más reales que los espacios con cuerpo.

Y salgo pensando en todo eso y llego a casa y el gato negro se me pasea por las piernas y se siente suave, como una cosquilla perfecta en su imprudencia, y el gato gris se trepa en mi falda, y siento su peso y un calor en la piel de los muslos, y me pregunto –como defendiendo la inocencia– si sería capaz de tener una mascota virtual.

Y veo *Her* en la misma semana en la que decidí comprar un tocadiscos sin que me importe ser acusada de hípster y con el único propósito de que las canciones suenen imperfectas, rayadas –a veces– sucias. Tocables. Abarcables. Manuales.

Y entonces de la nostalgia virtual –que la siento y es tan real– me surge un deseo muy fuerte de recuperar el tacto, de tocar las voces. De tocar, de tocar, de tocar.

Y me acuerdo de la gente que saludé en el cine, el mínimo roce de cachetes del medio beso del saludo casual, y me toco la cara y no sé si soy, si estuve ahí porque me han tocado o porque lo he pensado.

Por lo pronto quiero un tocadiscos y una grabadora nueva.

Escrito el 10 de febrero de 2014 y publicado en la edición de marzo de 2014 de la revista colombiana *El Malpensante*, en su sección Breviario.

LA CANCIÓN DE LOS AMANTES

Es jueves en la noche en la avenida Ponce de León. Estamos en Abracadabra, con el supermercado al lado, con la iglesia al frente y con las vidas alegres de la noche merodeando. En la acera las bicicletas amarradas y por la calle los carros de bocinas que retumban. En la pequeña tarima del lugar, Juan Pablo Díaz canta el bolero "Ausencia" de Rafael Hernández. El público, joven en su mayoría, tararea con él. Nadie se atreve a bailar. Hay complicidad. No puede ser de otra manera cuando se le canta al despecho, al amor imposible, o más peligroso aún, al amor posible hasta el delirio, hasta perderse.

Quienes no han conocido las canciones por enseñanza de padres o abuelos, lo han hecho por curiosidad, por los populares discos *Romances* de Luis Miguel, por perseguir de manera viral algún "post" de alguien en alguna red social o por pasar horas en YouTube fascinados con las imágenes análogas de cantantes, tríos, cuartetos y orquestas interpretando boleros; esa música que de tan popular hoy llamamos clásica.

Es jueves y la música provoca el deseo de que sea sábado, de llevar un vestido, de tener los labios rojos y que una mano se extienda y le inviten a bailar. No puede ser tan difícil, después de todo dicen que es asunto de conocer el tamaño de una loseta.

Pasan las décadas y la sensación es la misma. Pero claro, cambia el contexto y queda al descubierto la historia del bolero, que es un relato centenario de anécdotas y debates.

La mayoría de los expertos trazan los inicios en el bolero "Tristezas" del cubano José "Pepe" Sánchez para el 1885, aunque ya se venía hablando de bolero décadas atrás.

"Aparece en la segunda mitad del siglo XIX asociada a una canción rítmica en 2x4, está relacionada a la guaracha en un tempo lento, es la sección más lírica del danzón, géneros contemporáneos que surgieron en la misma época", observa el etnomusicólogo Emmanuel Dufrasne, quien además destaca la estrecha relación del bolero con canciones románticas como las rancheras o los tangos.

"Es algo muy latinoamericano. Se cultiva muchísimo en México sustituyendo el bongó, la tambora y el timbal por la vihuela y el guitarrón, la percusión del mariachi", expone. "El bolero también puede ser algo muy propio de las ciudades, más urbano que tiene que ver con la interacción social constante e intensa", abona.

Por su parte, el sociólogo e historiador de la música popular Hiram Guadalupe, considera que a la hora de adjudicar paternidades al bolero hay que hablar de trinidades. "Lo veo como un triángulo geográfico que recorre Cuba, México y Puerto Rico", dice y lo ejemplifica con el bolero 'La Tarde' (1910) cuya letra es de la puertorriqueña Lola Rodríguez de Tió y fue musicalizado por el cubano Sindo Garay. "Estudiosos identifican esta pieza como la más representativa de la estructura armónica que eventualmente va a seguir el patrón bolerístico tanto en Cuba, como en México y en Puerto Rico", elabora no sin antes recordar que "Agustín Lara decía que el bolero de los boleros era 'Campanitas de cristal' de Rafael Hernández".

"No tiene una paternidad fija. El bolero es caribeño y latinoamericano", sentencia Guadalupe. Con él coincide, por razones más, digamos que de losetas, el colombiano César

Pagano productor del programa radial que transmite Radio Universidad de Puerto Rico, *Conversación en tiempo de bolero*. "Somos más pasionales y arrebatados hasta el delirio en el entusiasmo o la depresión... Somos 'cardiocéntricos', como nos bautizó Darío Jaramillo Agudelo y podemos movernos entre lo cursi y lo ridículo sin que importe nada", expresa.

No es extraño encontrar en alguna ciudad iberoamericana calles con nombres como: "Calle de la amargura" o "Calle del desengaño". Habrá quienes digan que es hispano el penar en público, que es parte de nuestra esencia el lagrimón, que el derecho a la pataleta a gritos es nuestra prerrogativa. Pero más allá de opiniones y de análisis culturales, están las letras, las melodías y las voces de estas canciones como pruebas del tejido cultural al que pertenecen.

"El bolero al fin y al cabo se trata de cantarle al amor y tiene en sus despliegues discursivos la catarsis, la pasión lúdica, el desengaño, la angustia de la conquista", explica Guadalupe.

"El tema romántico prácticamente es sinónimo del bolero frente a otros géneros musicales que pueden ser jocosos o sociales. Es el género más cercano a la poesía", expone la escritora y académica Janette Becerra, quien además es compositora del bolero "Cueste lo que cueste", que popularizó Willie Colón, entre otras múltiples composiciones.

"Son tópicos literarios medievales como la amada imposible, inaccesible, la amada perdida, la amada fría, indiferente o traicionera. No se puede olvidar que la poesía medieval era cantada, los poemarios eran cancioneros y con el tiempo la poesía pasó a leerse en silencio. Con la modernidad se recupera esa dimensión musical", expone la compositora quien desde el punto de vista creativo considera que la brecha entre la letra de un bolero y la poesía radica en los elementos populares.

"Una canción siempre tiene que ser más accesible que el texto de un poema, porque la melodía es otra voz, es otro texto, es una guía de lectura que nos lleva a ese significado más allá de lo literal", explica Becerra. "Un vocabulario simple y una melodía memorable", harán de una pieza una obra con potencial de trascender lo pequeño y volverse himno.

"Don Tite Curet decía que el día que lo entendiera un mendigo lo entendería un príncipe... El bolero me da historia, me da cuento, me presenta la visión de cómo se hablaba de amor antes", opina el cantautor y actor Juan Pablo Díaz para quien es muy relevante además la influencia del jazz norteamericano en el "filin" que precede al bolero o de figuras como Tony Bennet o Frank Sinatra. Igual de estrecha es la relación con la balada romántica, esa nieta del bolero cuyo espacio en la música popular es innegable.

Ahora bien, la ecuación no está completa sin una voz, sin un cuerpo que gesticule, que comunique, que toque (o hasta manosee) desde el micrófono.

"No se puede cantar a lo loco. Hay que respetar la letra y llevar el mensaje, dedicarse en la afinación, en los matices", aconseja el veterano cantante del cuarteto Los Hispanos, Tato Díaz, quien con relación a la temática del bolero comenta que "somos bien románticos, expresamos el amor de maneras muy diferentes a los americanos, por ejemplo".

"Además, los latinos somos muy apasionados, muy machistas. Nos gusta que si una mujer es nuestra se sepa y eso se refleja en el bolero", añade Díaz.

Su comentario toca base con una de las controversias temáticas relacionadas con el bolero. ¿Es o no un género machista?

"En el bolero ha habido reivindicaciones del discurso femenino monumentales como lo es la obra de Sylvia Rexach", destaca Guadalupe, para quien si bien es cierto que "existen tonalidades que denotan una significación machista como la lectura de la mujer como objeto de posesión, no le atribuiría una condición machista al bolero". "Aparece de manera muy notable el hombre doblegado frente al amor", añade.

"Todo el tiempo hay hombres llorando, echándole un vellón a la vellonera, un hombre pidiendo perdón", ejemplifica Díaz, cuya voz al otro lado del teléfono de vez en cuando abandona el discurso y ofrece sus ejemplos cantados. Habla e interpreta. Esos versos no pueden decirse con la frialdad de una frase, merecen tarareo.

El intérprete como figura ha sido clave en el desarrollo del género. "El dramatismo fue importante pero no era lo único. Hubo algunos más discretos que fueron exitosos", opina Dufrasne, para quien el tema patriótico también ha sido notable dentro del género.

"El intérprete depende mucho de la época que a uno le ha tocado vivir. En el estilo más contemporáneo contrasta la interpretación ideal versus lo que vemos ahora donde buscamos algo más de realismo", opina Juan Pablo. Entonces, ¿qué es romántico hoy? "La sinceridad", contesta el cantautor.

Las batallas entre manos y cinturas son épicas. El encuentro de cachetes, memorable. El olfato se agudiza y mejor, invoquemos al pudor, y no hablemos de lo que sucede en las rodillas. Un movimiento lento de caderas, dos pasos más y otro paso lento, cuatro tiempos para bailarlos sin prisa.

"Uno en el escenario siente cómo ellos están disfrutando, cómo lo están sintiendo en la forma en cómo bailan, en los cariñitos que se hacen, mucha gente se canta la canción. Ver eso nos llena de satisfacción", rememora Tato Díaz.

"Es que el bolero conjuga deseos, evoca la intimidad, el baile es un lenguaje y en este caso es íntimo, cercano y apretao", expresa Guadalupe.

Ya es domingo en Puerto Rico y dice el calendario que no debe haber prisa y mucho menos para aprender que toda una vida es posible en la estrechez aventurera de una loseta y una canción.

Publicado en la edición del 6 de noviembre de 2011 de *El Nuevo Día*

DESCANSO FRENTE AL MAR

Dicen que el mar todo lo devuelve y la mañana del 5 de diciembre de 2008 trajo de vuelta un cadáver, según cuenta una nota publicada en este diario donde se dio a conocer la noticia de la aparición de un cuerpo al pie del Fuerte San Felipe del Morro. Telma Díaz lo encontró y dio el aviso a las autoridades. Probablemente se topó con el cuerpo cuando –como suele hacer– se asomó por la ventana de la cobacha aledaña a la oficina administrativa del Cementerio Santa María Magdalena de Pazzis del Viejo San Juan.

Hace alrededor de cinco años funge como administradora en ese cementerio y en el tiempo que lleva allí ha visto repetirse esa escena muchas veces. Nada de eso la inmuta. Nada de eso la asusta. Nada de espíritus, visiones o temores. "Ahora, cuando veo un vivo entrar yo tiemblo porque no sé a qué viene", confiesa la mujer que se desplaza poco a poco entre tumba y tumba con un bastón. Se le ve que es una mujer alegre. "Me gusta el merengue y el reguetón, pero cuando bajo la cuesta apago el radio y soy de ellos. Todos ellos son mis hijos", dice toda vez que asegura que "me gusta estar aquí más que en casa. Hay una tranquilidad. Nadie me molesta, nadie se queja", explica Telma, cuyo discurso se ve interrumpido por el merengazo que irrumpe en el sonido de su celular color rosa brillante.

Sus uñas largas y con diseños de flores, su hablar alegre y su comodidad, su pequeño escritorio de la oficina que está ubicada justo en el centro del cementerio contrastan con el imaginario popular que rodea a este tipo de espacios.

Pero Telma está clara. "Los muertos no hacen nada, si no tienen nada. Yo antes le tenía miedo a la muerte, pero una vez me tocó estar en el entierro de un hombre millonario al que ni siquiera le pusieron ropa suya. Lo enterraron con una ropa que apareció por ahí, con una camisa con moho, rota por detrás. No hay que preocuparse por el cuerpo, esto es un carapacho. Lo que vale está en el cielo", dice la mujer que ha trabajado en varios cementerios en su vida además de haber laborado como embalsamadora, exhumadora y camionera. Conoce bien el negocio de la muerte, el rito de morirse.

Le dan pena "sus hijos". "Hay mucha tumba abandonada y nosotros no las podemos tocar porque son privadas. La gente por lo general viene los primeros tres meses, después van dejando de venir y así", cuenta.

También hay que custodiar el lugar más allá del horario. "Antes hacían cosas de ritos y mataban animales por las noches, venían una vez al mes", recuerda. Hoy día –dice– la comunidad los custodia.

El túnel

Telma contesta el teléfono y mientras le da a su interlocutor las medidas de un ataúd y el horario idóneo para un entierro, miramos a nuestro alrededor. "Me encantan los entierros, viene tanta gente y uno puede servir", dice al rato.

Es un cementerio blanco, grande, enmarcado en un salero de mar y encendido por un sol tan fuerte que se siente castigador. La luz ya es estridente a las nueve de la mañana pero antes, el amanecer.

Se acaba la noche y una sábana de luz arropa las tumbas. Hay claridad sin sol. Hace fresco. Suena el mar y los labios se secan con sabor a sal. Al atravesar el túnel que lleva a la entrada del cementerio hay que tocar bocina ya que es estrecha la entrada. Entra uno y sale uno a la vez. Llegamos y antes de las siete ya hay movimiento. Empleados de mantenimiento, policías y visitantes comienzan a pulular entre las tumbas. Imponentes estatuas de mármol de ángeles, cristos y vírgenes son presencias, densidades en el espacio. A la derecha, La Perla parece una enredadera de casas de colores que le hacen frente al mar. Parece una microciudad de barrios vivos y muertos.

Entramos a la oficina y, de repente, no se siente que estamos en un cementerio. Es como estar en una oficina de gobierno más; loncheras aquí y allá, se comentan las noticias, se limpian los alrededores. De fondo, el mar con sus olas rompedoras que adormecen. Al parecer, allí se descansa entre arrullos.

Pero más allá del ambiente sereno, el cementerio Santa María Magdalena de Pazzis alberga un fragmento sustancial de la matriz histórica del país. Muchas de las figuras más prominentes en campos como la política, las artes y la milicia descansan allí. "Aquí hay más de cinco mil tumbas", anota Telma acerca de los panteones familiares en los que pueden enterrarse desde dos personas en los más pequeños hasta veinte en los más grandes.

"Mire míster que este lo están dejando a 15 mil dólares", recuerdo que le dijo un empleado de mantenimiento al escritor peruano Fernando Iwasaki cuando fuimos a retratarlo frente a la tumba de Pedro Salinas durante su última visita a la isla. "No estaría mal", le contestó el escritor al ver el panteón disponible para la venta.

Como él, fueron muchos los escritores que visitaron la tumba de Salinas ese año y son miles los turistas que constantemente –y atraídos por la belleza del cementerio– bajan por el túnel a preguntar por los próceres puertorriqueños, interesados pues en conocer un poco de historia.

"Existe el turismo de luto o tanaturismo, que tiene que ver por ejemplo con personas que visitan el sitio donde estaban las Torres Gemelas en Nueva York, o el Memorial en Pearl Harbor en Hawaii o los campos de concentración nazi. Este cementerio es una joya arquitectónica de lo que es el tanaturismo", comenta Leopoldo Rosso, supervisor de turismo del Municipio de San Juan y aficionado al tanaturismo.

Leopoldo también conoce las tumbas, conoce detalles y el lugar exacto donde descansan nuestras figuras prominentes o aquellas que son objeto de leyendas populares. "Aquella es la tumba más rara de todo el cementerio, le dicen la tumba de la bruja", dice mientras recorremos el lugar. En la tumba de "Diplo" hay que detenerse. "Perdonen que no me levante", lee la lápida.

No es fácil encontrar a nuestros próceres allí. Hay que conocer bien el espacio. Nos cuenta Marisol Vélez, de la Oficina de Turismo del municipio, que proyectan trabajar una ruta para que el público pueda rendir tributo a sus figuras. En septiembre del próximo año debe estar lista esta ruta a la usanza de cementerios internacionales donde parte de la experiencia del turista es visitar las tumbas de sus músicos, escritores, filósofos o genios favoritos.

Después de todo se trata del que podría considerarse el cementerio nacional y uno de los espacios donde mejor puede apreciarse la diversidad que nos conforma como país. Un reto será superar el tema de la triple jurisdicción del cementerio. Pues, las bóvedas (abandonadas por completo) son de jurisdicción federal por estar ubicadas en una de las murallas del Morro; la capilla es de jurisdicción estatal mientras que el cementerio opera bajo el Municipio de San Juan.

"Aunque es cierto que refleja la diversidad del país, es un cementerio netamente católico y mucho de lo que vemos tiene que ver con la situación económica de la familia. Algunas traían mármol de Italia, ángeles, o consignaban trabajos a artistas italianos. Un elemento central son los ángeles que son custodios de los espíritus", destaca Leopoldo, quien también vive fascinado por el cementerio.

"En las tumbas ves apellidos de distintas partes de España, apellidos de aquí, apellidos corsos, tumbas escritas en francés o de soldados norteamericanos. Aquí está una muestra representativa de la gente que ha hecho este país", explica el caballero que en cada lápida encuentra una grieta en la historia, un cuento a mitad, el recuerdo de las vidas por las que hoy estamos vivos.

Publicado en la edición del
30 de octubre de 2011 de *El Nuevo Día*

POETAS QUE SE PIERDEN EN LOS CEMENTERIOS

Ya sé el secreto último:
el cadáver de un sueño es carne viva,
es un hombre de pie, que tuvo como un sueño,
y alguien se lo mató. Que vive finge.
Pero ya, antes de ser su propio muerto,
está siendo el cadáver de un sueño.
Por ti sabré, quizá, como viviendo
se resucita aún, entre los muertos.
Pedro Salinas *(1891-1951)*

Que amanezca lloviendo en el Viejo San Juan no es augurio de nada. Si algo debemos al trópico es ese saber que las nubes, incluso las más robustas y grises, se disipan caprichosamente si uno no les hace mucho caso.

Así comenzó la mañana del sábado pasado, con la amenaza confirmada de una lluvia insistente de nubes lloronas sobre el agua de mar. La historiadora Carmen Alicia Morales había citado a personas de variados trasfondos a través de las redes sociales para un recorrido en el Cementerio Santa María Magdalena de Pazzis en La Perla. La convocatoria invitaba a un fotojangueo en el cementerio y a hablar de la estructura de las tumbas, la arquitectura del espacio y las historias que unen los personajes que allí descansan tranquilos frente al mar, como Pedro Salinas, a quien quisimos encontrar nomás llegar.

Al bajar el pequeño y angosto túnel nos topamos con Carmen Alicia, bajo una sombrilla verde y algunas personas más con cámara en mano.

"Lo hago de vez en cuando, la idea es que personas que normalmente no bajan al cementerio, porque les da miedo o porque no conocen, se animen. Este cementerio es una joya, es un museo de Puerto Rico", nos dice la historiadora en la entrada.

"Todos quisiéramos descansar aquí, ese es el sueño de cualquier sanjuanero, pero no cabemos todos", señala no sin antes aclarar que el nombre correcto debe ser Pazzi, sin la s final "porque corresponde a una ciudad italiana". El error gramatical es casi un guiño pues es en este cementerio donde se puede tener una idea de la historia del país. Hay apellidos corsos, franceses; hay soldados norteamericanos, españoles, ingleses.

Que una palabra italiana agarre una letra es de una caribeñidad total. Así que allí, en la entrada, se lee Pazzis en letras grandes. Quizás haya una justicia poética en todo eso. La s por lo general se aspira y el habla termina por devolverle su ortografía.

Carmen Alicia es una mujer de alegría contagiosa, con unas ganas de hacer y conocer que no parecen tener final. Es puertorriqueña, pero lleva más de 40 años viviendo en los Estados Unidos. Aún así, procura pasar temporadas en la isla y siempre que viene se integra a la movida cultural en el país. Lo mismo hace cuando pasa temporadas en Buenos Aires con su esposo, que es argentino. Es, en fin, de esas personas que saben que el conocimiento tiene sentido cuando se mantiene en movimiento. Encuentros como este son reflejo de ello, son juntes espontáneos con el único propósito de acercar el conocimiento académico a un público movido por la curiosidad.

Así fue como llegó hasta allí Ismael Martínez, un consultor en temas de mercadeo que disfruta de la fotografía y además tiene un blog de gastronomía como aficionado. El deseo de conocer un poco más sobre el lugar también sacó temprano de las sábanas al matrimonio de Keyla Plaza –quien también trabaja en mercadeo– y el ingeniero Arnaldo Príncipe.

Cuando Carmen Alicia comenzó a contarnos acerca del origen del cementerio, ya las nubes se habían disipado y el sol comenzaba a hacer ver las tumbas más blancas de lo que son y el mar más azul de lo que parece. No llegaron más. "La lluvia", dicen. Eso sí, volverán y esperan que con más personas.

"Este cementerio se pensó primero en el 1814, cuando se cierra el cementerio de la Catedral de San Juan. Su construcción comenzó en el 1863 y demoró unos diez años aproximadamente. Tiene la particularidad de que fue el primer cementerio que se construyó para enterrar a los no cristianos, por eso lo ven que está afuera de la muralla como en la tradición medieval. Los católicos, en su mayoría, se enterraban dentro de la muralla", nos dice con una fascinación que se confirma en su libro ¡Ay bendito! Estampas del Viejo San Juan, en el que documenta la historia de estructuras históricas en la ciudad amurallada matizadas por sus vivencias y relatos.

La historiadora también destaca una de las peculiaridades que han convertido a este cementerio en un espacio verdaderamente mítico. "Tiene un dramatismo que viene del lugar en donde está, visto desde arriba pareciera que las cruces de las tumbas flotan", comenta con relación al hecho de que está construido en un triángulo de murallas entre el Castillo San Felipe del Morro y el océano Atlántico. Y la verdad es que parece que flotan, que van cayéndose de la isla, migrando a otra parte. En fin, como si la muerte fuera el verdadero exilio. De hecho, hablando de exilio, ¿dónde está la tumba de Salinas? Nadie sabe aún.

Poco a poco vamos recorriendo las tumbas. Carmen Alicia nos habla acerca de la imaginería cristiana y masona en el lugar. "Antorchas, biblias abiertas con un cordón, piedras, cadenas son elementos de la masonería... las tumbas cristianas tienen su cruz y también están los masones cristianos", nos explica la historiadora mientras los participantes van tomando sus fotografías, fijándose en los detalles de las esculturas. La de Salinas no tiene muchos abalorios, es sencilla, solo su nombre y el de su amigo y también exiliado español Carlos Marichal que murió después. Pero entre tanta tumba no aparece.

Uno de los grandes problemas que tiene este cementerio es el hecho de que, a pesar de que decenas de turistas y ciudadanos de la isla bajan hasta allí para visitar tumbas de próceres y artistas, no existe un mapa ni una ruta que le pueda indicar a los visitantes dónde está la tumba de Diplo o de Lolita Lebrón, dónde descansa Ricardo Alegría o José Gautier Benítez, ni mucho menos dónde encontramos a Pedro Salinas. Y ya no está Telma Díaz, la mujer que por los últimos años había tenido a su cargo la administración del cementerio y que conocía de memoria dónde estaba cada tumba de personaje clave en nuestra historia, así como algunos relatos de las tumbas anónimas de las alrededor de cinco mil que hay allí. Los nuevos encargados son más jóvenes y, aunque muy dispuestos, aún andan memorizando dónde está quién.

"El Municipio de San Juan debería tener ese mapa disponible, con una ruta", pide Carmen Alicia dejando claro que se trata no solo de un documento histórico necesario, sino de una herramienta obvia y estimulante para el turista que busca más que playa y sol, sino un poco de historia, un poco de memoria. "También los nichos están destruidos, en muy mal estado", dice y lo confirmamos de inmediato.

En medio de todo eso, así de casualidad, miramos hacia abajo y allí estaba la tumba del poeta, la misma que en el primer Festival de la Palabra arregló y visitó un grupo de escritores. Tiene una pequeña grieta y alguien le ha dejado unas flores amarillas de plástico. Algunos no le conocían, pero empezaron a tomarle fotografías. De seguro al regresar a sus casas buscarían algo de información. Lo conocerían. Leerían algo, quizás. Porque así pasa con la curiosidad, de vez en cuando, puede incluso resucitar muertos.

Publicado en la edición del
2 de febrero de 2013 de *El Nuevo Día*

SELFIES*

Lo confieso. Lo he intentado. Incluso creo recordar el primero. Tenía 14 años y vestía un traje largo de una tela brillosa color rosa tornasol que abuela Tata me había hecho para el Class Night de noveno grado. Me habían maquillado –cosa rara– y había ido al beauty. Me hicieron un moño de esos con bucles y arabescos que me hacía ver la cabeza demasiado grande para mi cuerpo adolescente (qué torpes somos todos cuando adolescemos) que no dejaba de verse un poco extraño adornado por ese traje de cuasi Barbie que, además, tenía aplicaciones en diamantes de plástico que mi mamá y yo habíamos escogido con esmero y precisión.

Estaba lista para salir de Aibonito y tenía una de esas camaritas desechables que llevaba a todas las giras escolares. Entonces ocurrió el primero. Me paré frente al espejo y con pésima puntería le hice una foto a mi reflejo. Tomé otra volteando la cámara hacia mi rostro y sonreí. Hubo una tercera en la que me mantuve seria. Llegué a Cayey, pasó la fiesta. Bailamos y nos tomamos decenas de fotos que en estos tiempos habrían subido a Facebook sin la más mínima

---

*Empecé a escribir esto a ver si entendía algo, a ver si el texto me respondía, como suele suceder, algunas preguntas. Evidentemente no logré gran cosa. Así que, de verdad, ¿por qué el selfie?

edición. Pero eso fue en el 1999 y las fotos llegaron a casa una semana después, cuando las fuimos a buscar al Cine Foto del pueblo.

El resultado fue estrepitoso. No sé si mi cara tenía polvo, base o pintura de payaso. Aquello era de una blancura inusitada. Y, naturalmente, la foto con flash frente al espejo no sólo mostraba mi inexperiencia y falta de sentido común para con las cámaras, sino que me hizo cuestionarme por primera vez ¿cuál era la gracia de una auto foto?

No quiero pontificar contra el narcisismo. Ya se han escrito suficientes reportajes donde se analiza hasta la saciedad esa evidente seña de estas generaciones, de los llamados millenials que la revista *Time* llamó hace un año *the me, me, me generation*. Además, pontificar es muy feo. Empieza esa palabra con un pon, que es señal de que algo anda mal.

Lo que pasa es que me pregunto, ¿qué andaba buscando con la toma de esa foto frente al espejo? ¿Qué había de distinto en la intimidad de voltear la cámara y ser yo quien me mirase con ese tercer ojo prestado? ¿Por qué no pedirle a alguien el favor? ¿Por qué agarrar la cámara y dar click? ¿Por qué ese asunto era entre la cámara y yo?

Entonces pienso en el pudor y en cómo quizás está mutando un poco. Pienso en que ahora que estoy a punto de cumplir 30 años soy incapaz de mirar la cámara y posar. Incluso, hoy día, cuando con el celular es un paseo y puedes hacerte la foto como si te miraras al espejo pero sin el devastador reflejo.

Y pienso en esa palabra: selfie. En lo mucho que la leo todos los días, en la variedad de posibilidades que tiene: un selfie comiendo, un selfie en el avión, un selfie porque es viernes, un selfie porque es lunes, un selfie con el vino, con el recorte nuevo, bajo la luna, en la playa, porque hace sol, porque llueve, porque estás aquí ahora y te quieres mirar. Pienso en lo rara que se ve la gente cuando de repente los miras tomándose un selfie. Y pienso que no entiendo algo, que me estoy perdiendo de algo, que si no me tomo un selfie no habré existido en este tiempo. Pero me paro frente al celular y soy incapaz, me da una risa de pavera adolescente. Y mejor la pavera que el selfie.

Y pienso en lo mucho que nos miramos en las redes sociales, en ese día en que leí a Cristian Ibarra escribir en su estatus "la insoportable levedad del selfie", que leí más que como un guiño a Kundera como una frase cargada de duda y, ¿por qué no?, de hastío. Y leo gente que odia los selfies y da likes a los selfies de sus amigos, y leo gente que dice que es mala con los selfies y digo: me pasa lo mismo porque me da como una vergüenza ajena que es propia.

Y entonces nos miramos tanto que nos estamos buscando de frente en todas partes. Y no decimos autorretratos, eso ya casi es otra cosa. Decimos selfie que suena más solitario, más a mirarse con fascinación, con morbo, con placer, con conciencia de la belleza o de las imperfecciones. Un selfie es rápido, se tira al mundo en un segundo, es efímero como todo lo que vemos en las pantallitas de luz. Quizás es eso, un selfie es una cosa muy rara, tiene algo de aire de por medio. Y a su vez, ¿nos capta el aire mejor que cualquier cosa? O a fin de cuentas, ¿qué miro cuando me miro?

Voy a tomarme uno algún día. A ver si me parezco a esa nena de 14 años que vestía color *cupcake*, a ver si después de todo no es vergüenza sino un pudor nuevo, milenal.

25 de marzo de 2014

MIRARSE

Esto de la televisión es muy extraño. Esto de las cámaras lo es más. Pensaría que no. Vivimos después de todo en la era del selfie, de la autofilmación (¿será así que se dice?), en fin, del infinito autorretrato fijo o en movimiento. Somos una generación que se mira. Que se mira mucho. No se toca tanto. Pero se mira. Se mira. Casi con fijación de desequilibrados mentales. Conocemos como nunca el contorno de nuestros rostros, los lunares, el espacio donde los poros se notan más que menos, el ángulo donde nos vemos más deseables. El ancho de nuestras cejas. El espesor de las pestañas. Superamos a Narciso hace rato, y si bien habrá algo de esa fascinación con el rostro propio, presiento que muchas veces se trata más de exploración que de enamoramiento.

Pero anacrónica al fin, nunca he sintonizado mucho con esas cosas del selfie. Me siento irremediablemente ridícula sacándome una autofoto. Ni hablar de hacerme un video. Recién me di cuenta de que en mi habitación no hay espejos y que los que tengo en la sala los compré porque eran redondos, bonitos y con diseños arabescos. Y me pregunto por qué en la era del culto a la mirada me miro tan poco.

No tuve mucho tiempo para pensar en eso, porque esto de empezar en la televisión –de manera discreta y limitada, pero presente– me ha obligado a mirarme y mirarme una y otra vez.

El proceso incluye además muchas otras miradas. Viniendo de la radio o la prensa escrita, estaba más que acostumbrada a la intimidad de una cabina o al espacio secreto entre entrevistado y entrevistadora. Seguido siempre de otra felizmente tormentosa soledad, la que ocurre frente al texto. Aunque se esté en medio de una redacción repleta de gente, entre el texto y yo, no hay nadie. Al menos en esa etapa del acto mismo de escribir.

Ya cuando aparecía el lector, estaba yo lejos, escondida en otra entrevista o en otro texto. Quien me lee no me mira de frente, me mira sí, quizás ve mucho más que el que me observa el rostro, pero yo no me entero y eso es un alivio. Cuando escribo tampoco me miro tanto, saco esas palabras hacia afuera y me desprendo, nos hacemos cosa aparte. No es un yo absoluto.

Pero en la tele cambia todo eso. La intimidad de la entrevista cuenta ahora con un equipo que incluye, a veces, camarógrafo, sonidista, luminotécnico, productora, entrevistado y yo. Antes me habré visto al espejo muchas veces, retocado rubor, labios, ojos. (Me siento rarísima tan maquillada, cuesta jayarse.) Habré cobrado particular conciencia de cuán planchada o no está mi ropa, si los zapatos están demasiado gastados o si el collar hace ruido y molesta al micrófono. Hay previo a cada encuentro una conciencia nueva del cuerpo. Hay una intimidad grupal, un montón de miradas frente a frente, una cámara que agudiza la sensación. Una cosa que siento tan nueva, tan rara.

Y luego llega ese momento en el que me miro en la pantalla y me veo y no sé quién es esa muchacha, y veo todas mis imperfecciones y antes de escucharme hablar analicé cuántas pesas debo alzar para afinar mis brazos o cómo es que me visto tanto de ese color que me queda tan mal. Otras, digo, como con cariño, y esa quién es con ese pico pintado.

Y ya sin remedio, me he obligado a mirarme, a corregirme, a mirarme más, a trabajar con el cuerpo –y pensar con él– más allá de pensar con la cabeza y con las yemas de los dedos; única forma física del pensamiento que comprendía hasta ahora.

Y pienso en toda la gente que trabaja con el cuerpo, en esa otra forma de la vulnerabilidad que no domino, de la cual siempre las palabras me han protegido. Y me siento tan pequeña, tan expuesta por primera vez, y a la vez, es tan liberador, mirarte, que te miren, mirarnos, escudriñarnos, cargar ideas en los brazos, en las telas, en el rostro. Y pienso en mi mamá que grabó el primer programa y en que la noche que me vió, la miré de frente, estuve con ella. Es raro esto de la televisión. Muy raro.

26 de septiembre de 2014

PELOS

S oy una mujer peluda. No porque tenga una maranta de pelo negro y lleno de vueltas que me llega a la cintura, sino porque literalmente soy una mujer peluda. Tengo vellos en los brazos, muchos, notables, oscuros; y mis batallas con los otros vellos, los que aparecen en lugares llamémosle indecorosos, me han hecho dejar una suma de dinero respetable en ABA y otra menos extravagante en medicamentos para la cara porque cuando comenzó eso del láser en Puerto Rico, las manos eran mucho menos expertas y las quemaduras en las comisuras de los labios, los pedazos de piel caídos de los cachetes y otras lindeces venían con el paquete.

Los pelos nunca habían sido un tema para mí hasta que a algún niño, más o menos como en quinto grado, le pareció una buena idea referirse a mí como la versión femenina de Teen Wolf. No lo culpo, la verdad, muchos niños sólo aprenden por asociación, y la sensibilidad es un aspecto de la educación que muchos tardan años en recibir, cuando llega, si llega. Además si mi memoria no me falla, la primera vez que me permitieron afeitarme las piernas –para el día de juegos de sexto grado– demoré casi una hora en la bañera y murió más de una navaja en el proceso. Creo que ese día descubrí el color de mi piel.

Con la adolescencia llegaron las hormonas y con las hormonas los vellos faciales. Imprudentes apariciones encima de los labios que por esas fechas comenzaban a descubrir el juego de colores de los pintalabios. En fin, una pésima combinación. También se alargaron las patillas y el vello ya era más bien un pelaje. Les parecerá que exagero pero no y estoy segura de que cualquier hermana en la peludez comprenderá.

Era dolorosa, costosa y frustrante la electrólisis. Horas de tortura, electricidad pelo a pelo –literalmente– para salir de allí casi igual y con poca esperanza de cambiar a no ser que tu tolerancia al dolor y tu bolsillo fueran proporcionales a tus expectativas de aquella pinza eléctrica del diablo. Mi papá no tenía dinero, pero siempre aparecía lo justo para llevarme de Aibonito a San Juan a aquellas sesiones. Hay veces que los hombres entienden uno que otro misterio de la femineidad o a veces el pelo arropa muchas cosas, incluso, ciertas formas de la complicidad. Luego vino la cera caliente, era inmediata, efectiva. Dolorosa sí, pero pasaba rápido y después era cuestión de andar por ahí con la cara roja por una hora y caso resuelto. Quizás por eso, al día de hoy, soy una de las personas con mayor tolerancia al dolor que conozco. Pero con todo y eso el pelo regresaba y lo hacía cada vez con más fuerza.

Por esas fechas, estaba en la universidad. Era más flaca y menos mujer, quizás por eso un ser humano pensó que era una buena idea decirme: Oye, tú podrías participar en Miss Petite, sólo tendrías que depilarte los brazos y listo. No recuerdo haber despreciado a nadie en la iupi en tan poco tiempo como me pasó con él. También en esa época descubrí que para otros hombres –sobre todo señores muy mayores– el asunto del pelaje era una cuestión de fetiche. Los miraban fascinados y hubo alguno que hasta pidió permiso para sobar mi brazo. No lo consiguió y al día de hoy me perturba su cara de fascinación ante una de las partes de mi cuerpo que más inseguridad y complejos me causaron en la adolescencia.

Pero llegó la era de hacerse mujer, de dejar atrás las pataletas y los rompimientos adolescentes con la madre, con el padre, con todo lo que remita al origen, y entender qué de lo que somos, qué de nuestros cuerpos es nuestro mapa de vuelta a casa. Con esa mente abierta descubrí que, aunque creía que no tenía nada en común con mi mamá, que no me parecía a ella en nada y que éramos un par de opuestos irreconciliables sucedió que le miré sus brazos con detenimiento. Son suaves y peludos como los míos. Son los primeros que me abrazaron y no creo que haya par de brazos en el mundo más hermosos. También descubrí que, como ella, tan pronto tuve un poco de dinero compré uno de esos espejos con aumento y un buen par de pinzas. Descubrí que prefiero el pintalabios y el esmalte rojo como ella, y que mi pasión por limpiar con Clorox viene del vientre. En mis brazos está su abrazo y todos sabemos que pocas veces el cuerpo nos hace ese tipo de regalos.

También con el hacerse mujer llega otro tipo de madurez, esa que te permite aceptar tus contradicciones y vivir en paz con ellas. Y no hablo de contradecirse en palabra y acción, sino de aceptar que nunca somos una sola cosa del todo. De ahí que me considere una mujer feminista, que creo que hay muchísimo que hacer en ese sentido, que creo en la solidaridad femenina como si fuera una religión y que donde haya que marchar a favor de la búsqueda de más justicia social para la mujer, donde haya que dar un paso en pro de más equidad en el trabajo, en el hogar, en la calle, ahí estaré. Pero también soy una mujer que construye nidos, que le gusta cocinar para mucha gente y para quien ponerse un delantal en la casa puede ser motivo de orgullo y que también sabe colgarlo y decir: hoy no me toca. No hago nada por decreto; lo hago porque quiero. También –porque una cosa no cancela la otra– soy una mujer coqueta que no quiere cancelar ciertas fiestas de "lo femenino" por ninguna razón. Aprendí a amar el ir al salón de belleza, depilarme hasta los pensamientos, usar perfume, alargarme las pestañas, sentirme guapa de esa manera en particular. Será por ritualidad, por parecerme a mujeres que he admirado, porque sí. Y si bien respeto y veo con buenos ojos a quien decida lo contrario, yo quiero ejercer mi intelectualidad con tacones altos y labios rojos. No por complacer a nadie, sino porque me gusta y ya está. No quiero cancelar un aspecto intrínseco de mí, para entrar por fin a ese mundo en el que de mil en cien toman en serio a una mujer. Si no puedo hablar en serio con labios y uñas rojas, no es mío el problema.

No sé cómo llegué hasta aquí, pero toda esta diatriba es por culpa de los pelos, porque hoy que tengo 30 años, menos inseguridades, dos o tres certezas genuinas y un cuerpo que no es mi enemigo sino mi cómplice en tantas cosas; aún así, todavía tengo que lidiar con personajes que cuando ven una imagen lo primero que comentan es sobre si un brazo tiene o no más pelo del que debiera. ¿Cuánto pelo es suficiente pelo? La pregunta, un poco llana, tiene respuesta simple. Cuanto pelo como quieras, cuanto pelo donde quieras. Estoy harta de que me digan hasta cuánto pelo es preciso, de que tenga que sentirme mal por el tipo de femineidad peluda que ostento. Antes, pasaban estas cosas y practicaba esa cosa hermosa que también es la dignidad del silencio, pero ahora, –quizás son los 30– aprende una también que hay frases estúpidas que merecen respuestas precisas. Hay veces en las que responder es una necesaria forma de la dignidad.

27 de agosto de 2014

CARTA DE AMOR A UNA DROGA MUY DURA

Me gusta la salsa vieja y la ropa usada, los pasteles sin ketchup y la losa criolla, los gatos que miran por las ventanas y las faldas que tienen tela demás, el café de greca y los bordados. Puedo seguir pero voy a parar. Creo que queda claro: sí, soy nostálgica. Y hoy amanecí con un ataque de una nostalgia nueva, desconocida.

Acabó anoche el Clásico Mundial de Béisbol y esta mañana la camiseta roja del equipo de Puerto Rico que usé ayer estaba en una esquina de mi cuarto, con las mangas cansadas y el cuello estirado de tanto que lo halé. Fui al parque, vi cada juego, grité y lloré, reí y canté.

Siempre odié el béisbol por una razón barata: la pataleta. Mi abuelo Justo, que ya no está, siempre estaba en la casa viendo un juego de pelota y eso para mí era el tormento. No entendía lo que pasaba en el diamante, aquello era para mí una sucesión de hombres de nalgas interesantes y con problemas para salivar que iban en turno a darle a la bola. En fin, formas de ser analfabeta.

Y entonces me dió con escribir de pelota y entrevisté a Peruchín y mucha gente más, y leí el libro de Rodríguez Juliá, y estuve hablando un día sí y otro también con los compañeros que escriben de deportes y empecé a leer las crónicas deportivas y aprendí a leer leyendo y encontré poesía en la bola que mira al cielo, en la tensión deliciosa a la que me sometía juego tras juego, en la sorpresa que era una posibilidad en cada lanzamiento. Entendí que en el parque, un batazo es un futuro. Entendí que saber leer también es dejarse llevar y que los muertos se nos meten en el cuerpo como las vocales cuando las aprendemos por primera vez y nos salen por la boca en un grito feliz y descorazonado cuando cuaja o no una carrera, cuando por fin nos entregamos y entendemos.

Sí, es un cliché desordenado decir que el deporte une a la gente y sí es inocente decir que todo esto es cuestión de pasión, de orgullo patrio y nada más. Sí, sabemos, no somos tan despistados, que es un aparato grande todo evento mundial y más si es deportivo, que el dinero siempre va al lugar preciso: el epicentro de las pasiones. Pero también sabemos que aprender a leer algo nuevo no es poca cosa, que reunirse en torno a un diamante y a una bola que vuela tiene una belleza ronca y sucia, una belleza que nos llega a escupitajos.

Se acabó el Clásico y entendí cosas y me reuní en torno al fuego de la tele y grité puñeta y se sintió bien. Y los muchachos de deportes me contaron cosas y nos leímos juntos.

Terminó el Clásico y Puerto Rico no ganó y nos abrazamos todavía incrédulos de haber llegado allí, a la final, recordando eso que tanto se nos olvida: que somos país y lo demás es lo demás. Hoy no hay juego pero hay memoria y eso para un ser nostálgico es una droga muy dura.

20 de marzo de 2013

IV

Cosas del aire, del calor y la lluvia

LAS NARICES DE LOS PERROS

L a humedad es una cualidad sobrestimada. Todo lo mojado se ha vuelto erótico como si lo sexual borrara los humedales de aromas insidiosos. Se festeja el sudor vaporoso, se va al spa a abrirse los poros como si con los poros abiertos se sintieran nuevas sensaciones. Quizás ahí está lo extravagante de las narices de los perros. Siempre mojadas, dejando su huella vaporosa en las pieles ajenas. Son felices cuando dejan el mojadito de su olfato en el borde de los pies ajenos. Es como si rociaran a la gente con alegría. La felicidad extrema siempre es sospechosa. Ni hablemos de las colas.

11 de enero de 2012

VIAJE AL INTERIOR DE LA TIERRA

Llegamos. Frente al grupo de nueve personas: un orificio en la tierra con poca pinta de puerta. Oculto en medio de un camino, con aire de vereda imaginaria que solo los locales conocen, se encontraba el hueco de la tierra tras el cual debíamos encontrar la Cueva Perdida en Utuado.

"Se le llama así porque la estuvieron buscando mucho tiempo", advirtió Carmelo Agosto, un hombre retirado con sus 70 años encima y las piernas más sólidas del grupo. Lleva años en esto de meterse en cuevas, de aventurar por la tierra y por los recovecos del país que mucha gente desconoce.

"Hay gente que se va a otras partes del mundo buscando aventura, sin saber que aquí está todo lo que están buscando", comentó René Martínez, quien trabaja como consultor estratégico y es un apasionado de la espeleología (el estudio de cuevas y cavernas). Y hablar de pasión se queda corto, el hombre conoce las cuevas como si fueran la casa de la infancia, esa a la que uno no va todos los días pero recuerda cada esquina.

Martínez, junto a Wanda Vega Ayala, Manuel J. Jiménez Pérez y Carlos A. Colón Báez, son integrantes de la Fundación de Investigaciones Espeleológicas del Karso Puertorriqueño (FIEKP), uno de los varios grupos de exploradores y estudiosos de los sistemas de cuevas y cavernas del país. Al grupo se integraron la microbióloga Beverly Robledo y la oficial de servicio al cliente Sonia Rodríguez, amigas que poco a poco se han ido entusiasmando con las repetidas aventuras del colectivo.

"Hay una riqueza infinita allá abajo que sostiene nuestro ecosistema. Los murciélagos, las serpientes, esos animales que la gente mira mal por su apariencia son esenciales para la agricultura; se comen los mosquitos, las plagas. Hay que conocer lo que hay aquí para poderlo preservar", expresó Carmelo ya en el interior, en medio de la oscuridad absoluta que, dentro de una cueva, no permite mirar ni los dedos de la manos. Pero para llegar allí, hubo mucho camino andado.

Literalmente, tierra adentro

Las instrucciones fueron precisas: ropa cómoda que se pueda mojar, zapatos cerrados y fuertes, agua, comida bien sellada, baterías y rodilleras. Ah, y la claustrofobia no tiene cabida en la ecuación. Con todas las debidas advertencias, los novatos no teníamos idea de lo que nos esperaba en el interior.

El encuentro fue un sábado a las 7:00 de la mañana. Abandonada la autopista, llegamos a un barrio en Utuado donde los perros y los gatos campean por su respeto y la gente, que no ha perdido la buena fe que se queda flaca en San Juan. Un hombre se ofreció a guardar los carros más bajitos. Dos jeeps y una pickup nos llevaría al lugar. Había ambiente de aventura, sabíamos que era uno de esos días en los que, ya adultos, nos permitimos sentir la sensación infantil de la ansiedad que precede al día de juegos o a la primera excursión.

Una lista con nuestros nombres y números de contacto de emergencia se dejaría en uno de los carros. Si a la hora indicada no habíamos salido de la cueva, de inmediato se activaría un grupo de rescate.

"En una ocasión hubo unos compañeros que se quedaron sin batería en los cascos. Tenían más en sus mochilas, pero no podían ver nada y era peligroso intentar buscarlas en la oscuridad total. Esperaron tranquilamente y vino el rescate", explicó Colón Báez sobre el tipo de incidencias que pueden darse en esos escenarios.

Y como no hay nada más seductor que un desafío, nos montamos en los 4 x 4 a trepar monte adentro, recordándole su forma al camino. Íbamos saltando dentro del jeep cual safari, mientras René –nuestro conductor– nos hablaba sobre la historia de los estudios espeleológicos en el país sin inmutarse por el movimiento. De cuando en vez, Carmelo tenía que bajarse a despejar con un machete el camino y otras tantas nuestros guías recordaban aquel árbol, "sí ese mismo", que tuvieron que mover para poder continuar la marcha.

Una vez en una superficie más o menos plana, dejamos atrás los vehículos y con cascos en la cabeza nos dirigimos a bajar jaldas enfangadas y olorosas a tierra viva. El aire de tan puro se sentía denso, llenaba los pulmones de otra manera. Fue triste que eso fuera lo extraño... así son los vicios de ciudad.

"Usa el palito. Te dará firmeza", aconsejó Carmelo. Habla poco pero con precisión. Su presencia, y saber que no podía recordar la cantidad de veces que había entrado a esas cuevas, daba seguridad.

Alguno de ellos nos habló del curioso nombre que tenían las formaciones de estalactitas y estalagmitas que estaban a punto de tocarse. "Pueden estar así, a punto de unirse por años", explicó Colón Báez.

"Se llama El Beso", nos dijeron. "Un beso eterno en el centro de la tierra", pensamos. Bastante romántico para ser cavernícola.

Deliciosa humedad

Una estalactita obligaba a que entráramos gateando por un pasillo estrecho, húmedo y al que mientras más se entraba menos se sentía el calor. Era un aire fresco, frío, impoluto. Fuimos recorriendo el pequeño túnel hasta llegar a un espacio más amplio en el que medir 5'1" daba ventaja a la hora de ponerse de pie. Caminamos cruzando de roca en roca, maravillándonos con el agua seca en las estalactitas que la hacía lucir como si alguien le hubiese vaciado un pote de brillo. Un paisaje nuevo a la vista. Un paisaje que pocos han visitado.

"¿Recuerdan por dónde veníamos caminando? Estamos debajo", reveló Martínez, quien siempre aparecía por algún rincón insospechado de la cueva; al punto de que en una ocasión se percibió una luz arriba y eran los pies de Martínez colgando de una roca más alta.

Nos movimos por la cueva y por el río en su interior. A veces el agua llegaba a la cintura, otras apenas al tobillo. Había que confiar porque la luz de las linternas tampoco es que ilumine tanto. Pero esa posibilidad de mirar de a poquito permitía apreciar cada textura distinta de las rocas, cada corriente de agua con toda la atención. Todos teníamos fango en alguna parte, excepto Carmelo, que por alguna misteriosa razón salía limpio de cualquier nueva escalada o movimiento de área. Documentamos cada rincón con fotos y, con cada nuevo espacio de la cueva al que lográbamos acceso con mucho esfuerzo, nos advertían que esa parte tan impresionante no era tan maravillosa como el Salón Blanco.

A ese anunciado lugar llegamos luego de escalar por una inestable pared fangosa y atravesar un hueco. Cualquier cosa en equipo verdaderamente es posible, porque subir apoyados por la fuerza de los compañeros y sus palabras hace cualquier recorrido complejo una aventura posible. Una vez arriba, llegamos a un pequeño salón en el que todos nos sentamos en una roca distinta a comer alguna barrita, papita o lata de salchicha sobreviviente al recorrido. Apagamos todos las luces y nos escuchamos hablar en la oscuridad absoluta, de la razón de cada uno para estar ahí.

Así, sincerándose, un montón de personas con trasfondos profesionales distintos, gente que no se conocería de otra manera estaban allí, unidos por una de las bendiciones y maldiciones más grandes que tiene el ser humano: su propia curiosidad.

"Este es uno de los pocos momentos en los que me puedo olvidar de todo, me desconecto", dijo Wanda Vega, quien además se dedica a trabajar fotografía artística dentro de las cuevas y recientemente ha expuesto sus piezas en la estación del Tren Urbano en Río Piedras.

"Nosotros no somos científicos, pero estudiamos y nos reunimos porque nos une el deseo de aventurar, de conocer", aportó Martínez.

"Nuestro deseo es que más personas se entusiasmen para que se interesen por preservar estos tesoros que siempre están acechados", enfatizó Carmelo.

Pero aún no llegábamos al Salón Blanco. Una pequeña escalada más y estuvimos allí. Un cuarto amplio y dividido por rocas nos esperaba. Todo blanco. Todo. Algunas gotas se sentían provenientes de alguna estalactita. Y de pronto lo encontramos: allí, en medio del Salón Blanco, encontramos El Beso.

Siempre que se viaja al interior, si bien es cierto que se atraviesan baches, se cogen cantazos, se cae al agua y raspan las piedras, al final –con suerte y paciencia– puede que te espere un beso que no tiene prisa en acabar.

La salida, como siempre, se hizo más corta. Y antes de darnos cuenta estábamos viendo un hilito de luz al final de la cueva. Recorrimos un trecho más en el monte para bañarnos en una cascada. Nunca se vio agua más fresca, tanto que sabía la experiencia a bautizo.

Regresamos, se remolcó uno de los carros y logramos llegar a tiempo para que no se activara el rescate. Al despedirnos, el abrazo y la sonrisa. Compartir la posibilidad de fascinarse es como sintonizarse en la misma frecuencia.

Dicen que nos esperan. Sabemos que volveremos. Mirar hacia el interior, por más literal que sea, siempre conecta con lo espiritual. Salimos con hambre, de esas que se sienten como una cueva en el estómago.

Publicado en la edición del
27 de septiembre de 2010 de *El Nuevo Día*

UNA GRIETA CON MEMORIA HUMANA

La montaña tiene la capacidad de ser sábana de madrugada. Va una en el carro, entre curvas angostas, otras amplias como abrazos, sin aire acondicionado, ya que eso sería un desaire para el aire fresco que se respira a las seis de la mañana en la carretera de Aibonito a Barranquitas.

El mapa lo llevaba en el celular y, después de un par de preguntas a gente en la calle que, con la amabilidad siempre inesperada del campo, casi me escolta hasta la entrada, me acerqué a la zona donde está la casa del Fideicomiso de Conservación en Barranquitas, punto de encuentro para el grupo de casi una decena de personas que bajaríamos ese sábado a las entrañas del cañón de San Cristóbal.

–Te veo perdida, ¿vas al cañón?

Una mujer en una guagua me indica el camino. A veces es así, la buena fe, literalmente, te toca bocina.

Llegué a la casa. Allí, un grupo de personas preparaba meriendas y arneses, guaguas y cascos, y se desesperaban porque no llegaba la gente y había que salir a tiempo o si no, el recorrido de seis horas podría atrasarse. Ese día no había llovido y había que aprovechar el clima.

El paisaje, sobrecogedor. A lo lejos, aunque ni tan lejos, se observaba el cañón de San Cristóbal. Cerca, las hojas húmedas se iban secando a medida que el día quitaba la sábana rica del amanecer.

Fueron llegando parejas, amigos, gente sola con ganas de aventurar y conocer. Elizabeth Padilla, una de las intérpretes ambientales del Fideicomiso de Conservación, nos hizo presentarnos, hacer sonidos de animales que nos retornaron a los cinco años. Quizás porque cuando se entrega uno a la tierra, las ideas adultas son insuficientes, hay que atreverse a ladrar como un perro o sonar como un guaraguao para dejarse maravillar por la experiencia.

Junto a ella, Roberto Cerpa, también intérprete ambiental, y el asistente de manejo Nicolás Cruz, nos fueron entregando cascos, salvavidas, sogas para *rappelling*, guantes protectores. Una mochila con agua y meriendas, y ropa cómoda eran suficientes para comenzar el recorrido.

Poco a poco se va llegando

Salimos de la entrada del barrio Llanos en Aibonito. "Siempre hay una disputa sobre si el cañón es de Barranquitas o es de Aibonito: es de los dos", nos explica Elizabeth, una de nuestras guías y una auténtica enamorada del cañón. "Si se dan cuenta, yo hablo de él como si fuera una persona, lo escucho, le hablo", nos dice, poco antes de adentrarnos por un camino en el que poco a poco iremos bajando, atravesando flores en las que aparecen mariposas inesperadas y raíces de árboles que nos van marcando la ruta hacia abajo. Muchas hojas nos cubren del sol y, tras media hora –o quizás un poco más– de ir bajando, llegamos hasta una zona en la que abundan rocas y hay recuerdos del tiempo en el que el cañón era utilizado como vertedero por municipios del centro como Orocovis, Barranquitas, Aibonito, Naranjito y Comerío.

Desde el 1970, el Fideicomiso de Conservación adquirió las tierras y el cañón ha pasado a ser una zona protegida. Poco a poco se han ido adquiriendo más terrenos y se ha desarrollado un programa de excursiones guiadas enfocadas en dar a conocer las maravillas de esta formación geológica, tanto a niveles científicos como de turismo de aventura.

Una de las excursiones favoritas ocurre el cuarto sábado de mes y consiste en un recorrido que dura unas seis horas, en el que todo se moja y para el cual se requiere una excelente condición física. Porque en ese recorrido se camina, se atraviesan rocas, charcas, se hace *rappelling* y se sube por lo que los vecinos han denominado el Camino del Diablo. Entendemos por qué. Al día siguiente, las pantorrillas se sienten algo así como los calderos del purgatorio. Pero en el fondo, eso es lo de menos, porque después de escuchar las conversaciones de los pájaros y de presenciar el espectáculo visual de las múltiples charcas de aguas clarísimas que están en esa gran grieta con memoria humana, cualquier dolor es fácilmente disipable por el buen recuerdo de lo rico que se siente estar allí abajo.

"La gente viene buscando aventura, quieren conocer los tesoros de su país", nos dice María de Lourdes González, superintendente auxiliar del vivero de árboles de Barranquitas, punto de encuentro para los recorridos. Pues, además del recorrido intenso de varias horas, ofrecen uno distinto de jueves a sábado pensado en todo tipo de público, mediante el que, a través de una vereda, se puede apreciar el paisaje de esta formación topográfica que consiste en un paso estrecho y profundo entre las montañas, con paredes de roca, por cuyo fondo transcurre una corriente de agua. En el caso de la zona geológica del cañón de San Cristóbal, se han formado varias fallas, entre las que destacan la falla de Los Llanos, la del río Usabón, Quebrada Alicia, así como otras secundarias que guían el curso de las corrientes del caudal del Usabón.

Por esta razón, así como por su amplia diversidad de flora y fauna, es un lugar idóneo para el estudio científico.

Entonces, una está allá abajo y la sensación es sobrecogedora porque, a medida que se avanza, van apareciendo los cuerpos de agua, y miramos hacia arriba y nos damos cuenta de qué es eso de estar en el centro de algo hermoso.

"Le ganamos al cañón del Colorado en términos de biodiversidad, con 136 especies de fauna, y se cree que pueden haber más", nos dice entusiasmado Roberto para, de inmediato, mencionar pájaros como el guaraguao, el comeñame, el bienteveo, el sampedrito, la reinita, los zorzales pardo y patirrojo y el carpintero, entre otros de los múltiples pájaros y anfibios que pueden apreciarse en la zona.

Igualmente, hay unas 677 especies de flora reportadas, de las cuales 549 son nativas. Nos cuentan que abunda particularmente el cupey, la maga y el capá prieto.

"Esto es muy importante porque el cañón es un todo, es como un cuerpo. Los mayores daños que ha sufrido el cañón han sido por obra del ser humano. El Fideicomiso ha podido atender el mantenimiento, la limpieza, y se sigue luchando por que esto mejore", nos dice Roberto, pues como parte del recorrido pudimos constatar restos de motores de vehículos y ese tipo de basura que difícilmente puede sacarse de allí, y más bien hay que esperar que el tiempo pase y la naturaleza sane poco a poco. "Es un cuerpo vivo y nos gusta ver cómo va cambiando, un poco más de sedimento aquí o allá. Son cambios pequeñitos; como dice Elizabeth, el cañón es como una persona: a veces se levanta sintiéndose bien y a veces, no", añade.

Mientras, gente como ellos celebra ese pequeño abismo que nos recuerda que lo que dañamos desde la entraña nos afecta en el exterior.

Publicado en la edición del
4 de noviembre de 2012 de *El Nuevo Día*

AIRE

Ese verbo: ventilar. A veces lo conjugamos para la advertencia. No ventiles aquello o lo otro. Muchas veces con justa razón, otras tantas como si nos cortaran el aire. El aire. Aire. Una inhalación. Una exhalación. Otra. Como si fuera tan fácil, como si lo ordinario de respirar no fuera un milagro. Pero no es cuestión de pontificar. Esto es un asunto pulmonar.

Ventilamos desde el atragantamiento, desde la falta o el exceso de aire que nos suele nublar los pensamientos. Puede el aire afectar la luz, la claridad. Puede el aire tantas cosas. Puede el aire vientos, huracanes, casas, techos, tornados, vidas. Puede el aire. Puede. El aire. Aire. Puede él y yo me rindo.

Dicen los periódicos que estamos en época de hongos y esporas, y lo primero que llega es la fascinación por ese traslado de cosas en al aire, avión gigante, mosquito pequeño, esporas. Quiero verlas en el microscopio. Todo en el aire. Una población ventosa. Lo segundo, es lo que es. Es época ingrata para los asmáticos o para los que tenemos algún mal del órgano del aire, o las dos.

Terapias y pompas. Albuterol en todas partes. Dolores en el costado, costillas que no aguantan la entrada del aire. Un pulmón, lo necesario para vivir fuera del agua. Un pulmón, esponjoso, blando, flexible, comprimido y dilatado, salvaguardado en la caja torácica que le toque. Por lo general en los vertebrados son dos, aunque algunos reptiles tienen sólo uno. A veces pienso que sería capaz de arrastrarme con tal de tener uno solo. A veces pienso que vale la pena aguantarle cualquier cosa al pulmón con tal de tener dos. De respirar. De inhalar y exhalar. De la gloria que es llenarlos y vaciarlos como globos. Imaginarme que tengo dos pasas ahí dentro, que vuelvo uvas cada vez que respiro. Imaginarme que respiro. Un poquito, algo de aire. Sin que duela, sin que sea tan difícil esa entrada y salida del aire. Después de todo, es aire. El aire. Aire.

Veo fotos de mis amigos asmáticos escondidos detrás de la mascarilla azul verdosa, veo mis placas de pecho, respirar se vuelve un ejercicio de valientes y falta siempre un poco más de aire entre las cosas, entre la gente, en los pulmones. Y pienso en que con todo y eso me sobra tanto. Pero aún así, llega esa sensación, el sentir que me falta el aire y me siento tan minúscula cuando escucho la voz de ese hombre en mi cabeza retumbar con esa frase que nos involucra a todos. I-can't-breathe. Una frase, la historia de un país en una frase. Imagino la desesperación por la falta de aire. La conozco. Muy de cerca. Es mortal el aire. Siempre lo ha sido. Estamos tan tarde para aprender a respirar. Pero es una ciencia sin ciencia. Un respiro a la vez. Hablar del aire, es hablar en plural. No hemos ventilado lo necesario. Y dirán que ventilar no resuelve mucho. Pero cómo alivia las costillas.

12 de diciembre de 2014

SUSPENDIDA POR LLUVIA

Casi nadie me cree cuando lo cuento afuera, bueno, quizás sí. La gente de Barranquilla sabe de lo que hablo, y quizás alguien más lo entienda pero no los conozco. Aquí cuando llueve no es que llueva, es que el cielo se parte en dos y se agua todo. Se raja. Se rompe. Se hace más cielo de lo que uno sabe que es el cielo. Asusta un poco. ¿Cómo cabe toda esa agua ahí? ¿Qué hizo que se desbordara? No invoco la ciencia, que explica tantas cosas, invoco la sorpresa que no entiende ninguna. O la entiende y se maravilla igual. Aquí, no llueven gotas. Llueven gotarrones, pequeñas y punzantes balas que, a veces o casi siempre, se sienten como escupitajos de cielo. Esa palabra es muy fea: escupitajos. Pero es precisa y en la precisión a veces encuentro más belleza.

Lo primero es la parálisis. En el agua siempre todo se siente más lento, más ligero, más suave. El pelo parece de sirena y flotar se vuelve la rebeldía más necesaria contra la velocidad que impone el ahora. Pero cuando una ciudad entera flota es otra cosa. Pasa de momento. Está todo bonito, colorido y en orden y de pronto llega el color gris chubascoso. Me encanta la palabra chubasco. Es triste usarla tan poco. Envidio profundamente a los meteorólogos.

Cuando llueve, todo de repente se vuelve más lento. Los carros más lentos, el caminar más lento, las puertas se abren y se cierran más lentas. Todo en cámara lenta. Una ciudad con los pies pegados al piso, anestesiada, mojada. Enchumbada. Paralizada y obligada a moverse a los ritmos que impone el agua, rápida sólo cuando hay fuerza, lenta y serena la mayor parte del tiempo.

Lo segundo son los dramas capilares. No los vivo, no me seco el pelo. Pero muchas mujeres sí, y con el agua aparecen los rizos domesticados reclamando su lugar. Aguarse siempre es reconocerse. No hay remedio.

Lo tercero podría ser la cancelación de eventos. Poco a poco se va alterando el calendario. Un día mojado casi siempre desaparece. El agua también altera el tiempo, el espacio. Lo cambia todo. Lo moja todo. Le roba días al calendario, alarga horas, construye tiempo cuando ya no hay tiempo.

Hay mucho más pero sólo quiero llegar a lo cuarto, que es lo menos que me gusta pero es lo más importante. Lo cuarto ocurre en el cuarto, en la cama, bajo la frisa. Tiene el agua esa bendida o maldita capacidad de hacernos recordar a quién queremos abrazar de verdad, a quién le queremos ofrecer un poco del preciado calientito de las sábanas. Nos pasamos la vida sin saber con quién andar de cara al sol, teniendo dudas, cambiando cosas. Pero bajo el agua siempre sabemos con quién queremos estar. La pequeña y feliz tragedia de la enchumbada nunca llega sola. Termina siendo la lluvia un recordatorio para los afectos. Nada nos inunda más la memoria como la lluvia. Por eso las sombrillas son objetos tan preciados, tan llenos de nostalgia, tan importantes y desdeñados en cualquier esquina de cualquier lugar. Son el último escudo para los corazones que tragan agua y resucitan.

Hoy me mojé hasta los pies. Y aquí estoy, suspendida –en el aire, en el espacio, en la memoria– por lluvia. Flotando, como una atleta que ya perdió y ya ganó.

Publicado en la edición del
14 de noviembre de 2014 de la revista digital *80 grados*

EL HURACÁN, LA METÁFORA DEL CARIBE

Huracán de pasión
vuélveme a azotar
vuélveme a llevar
a donde ella está

Tite Curet Alonso

Hay quienes aseguran haber encontrado la metáfora perfecta, cuando describen el "maldeamores" como la sensación de tener un huracán en el pecho.

Y es que, así como el lenguaje nos ofrece el vocabulario para narrarnos, el entorno y las experiencias vividas nos proveen los referentes precisos para explicarnos y, de paso, explicar el propio mundo que nos rodea. No es de extrañar entonces que como caribeños el paso de fenómenos naturales como el huracán sea materia prima para la creación artística que, entre otras cosas, siempre intenta aproximarse a las emociones humanas en su infinita abstracción.

La cultura popular, la poesía, la plástica, la música y, por supuesto, la literatura autóctona están plagadas de referentes a tormentas y huracanes como parte integral del relato. Asimismo, los rasgos culturales del puertorriqueño se hacen evidentes en el modo en que se reacciona a estas emergencias naturales. No es para menos, pues luego del devastador paso de huracanes como San Ciriaco en el 1899,

San Felipe en 1928, San Nicolás en 1931, San Ciprián en 1932, Santa Clara en 1956, Federico en 1979, Hugo en 1989 y Georges en 1998, entre otros, es natural que el país conozca de cerca y con bastante regularidad lo que implica –literalmente– el anuncio de la llegada de un fenómeno atmosférico.

Esto no sólo se hace presente en la producción cultural, sino que revela patrones de conducta social que ponen de manifiesto mucho del país y el estado de su sociedad.

Hace apenas una semana la amenaza del huracán Earl provocó un caos en el preámbulo a una tragedia que no se llegó a consumar. Y, aunque el tema amerita seriedad y rigor, no se puede esconder que ser caribeño es reírse de la pena. No se hicieron esperar las parodias de los altos funcionarios vestidos con abrigos impermeables sin apenas haber caído una gota, la de los reporteros abrazados a sus sombrillas o la de las meteorólogas disimulando su evidente entusiasmo en la descripción de trayectorias.

Si el país es consumista, en caso de huracán, el paso del público por las góndolas de los supermercados es desastroso para las cuentas de ahorro. En fin, el país se devela a sí mismo en medio de la crisis y se vale de la más caribeña de todas para explicarse a sí mismo. Así lo observan varios expertos en el tema del folclor y la producción artística del patio, a quienes consultamos sobre este tema en plena temporada de huracanes.

"Recoge el antropólogo cubano Fernando Ortiz en su libro *Huracán*, sobre las mitologías caribeñas, la historia de la deidad taína Juracán, ese dios que determinaba el comportamiento de las sociedades primitivas de nuestra cultura. Se caracterizaba por su furia, su intolerancia ante la injusticia, era un dios vengador que impartía el sentido del balance entre el bien y el mal", aportó el escritor Roberto Ramos Perea, quien en sus obras recurre constantemente al recurso de las tormentas y huracanes como metáforas y como escenarios.

En el arte plástico, igualmente, hay infinidad de muestras. Una de las más importantes ha sido la obra *Huracán del Norte*, de Carlos Raquel Rivera, en la que se trabaja la referencia a la relación colonial de Puerto Rico con Estados Unidos.

"El huracán se manifiesta en películas y en el teatro a través del tiempo. Hay un filme muy importante de la DIVEDCO (División de Educación de la Comunidad), el *Huracán Criollo*, de Juan González Bonilla, que toma como base lo que sucede durante un huracán no sólo como objeto de comedia, sino como provocador de reflexiones entre los puertorriqueños", ejemplifica Ramos Perea, para quien esta metáfora siempre está vigente.

"Lo está porque el huracán limpia, la tormenta no es desorden, más bien devasta el horror, viene a poner orden en el desequilibrio del mundo. Por eso se le invocaba tanto. Basta ver cuántas cosas sacó este aviso de huracán de su escondrijo, como es el pésimo estado de nuestra situación eléctrica", añadió el escritor para quien en materia de narrativa el huracán es además "un elemento profundamente romántico, las centellas, las tormentas, son el interior de los seres humanos. Enfrentarse a la tormenta puede ser enfrentar el huracán interior", reflexiona.

Con él coincide el folclorista Alexis Morales Cales, quien observa que además de esa percepción del huracán como algo terrible también se integra a elementos más populares.

"En tiempos modernos hemos recurrido al huracán para hablar de desastres amorosos como esa canción de don Tite, *Huracán de pasión*; hay miles de versos con esa alusión, muchos perdidos en la tradición oral. El caribeño es persona de tormentas y eso se ve en su modo de ser. Somos seres enérgicos, un torbellino de emociones y eso hace que sea muy natural identificarse con un huracán", apunta Morales Cales, que además destaca que en tiempos de temporada de huracán se exacerba la religiosidad entre la gente.

"Octubre es el mes del rosario siempre, pero cuando ha pasado un huracán definitivamente aumenta el fervor. De ahí surgieron tradiciones como los Velorios de Reyes para pedir por que no volvieran a pasar huracanes y maremotos", comentó.

Por su parte, la escritora y experta en literatura caribeña Mayra Santos Febres destacó el carácter universal de esta metáfora propia de la experiencia humana.

"La tormenta aparece muchísimas veces en uno de los textos fundacionales de la literatura occidental que es 'La Odisea'; es una tormenta la que lleva a Ulises a la cueva de Calipso. Las tormentas son los tropos fundacionales del drama narrativo de Occidente. Si agarramos eso y lo llevamos a las Américas, vemos que en las primeras crónicas están siempre presentes. Esa pelea contra los elementos de la naturaleza es lo que hace al héroe en la literatura más contemporánea, sobre todo en el Caribe", elabora Santos Febres, quien coincide con Ramos Perea acerca de las reflexiones sociales que se desprenden del paso de un huracán.

"Utilizamos esa palabra tormenta o huracán para hablar de los niños, de las tormentas emocionales, del romance tormentoso, de todo lo emocional, pero cuando pasan son los momentos donde le echamos otra mirada a la sociedad, donde se remueve la tierra que se empapa y nos permite ver lo que es verdaderamente el Caribe", abona la escritora, quien considera que al momento de buscar los matices caribeños a una metáfora muy universal, no hay tantas distinciones.

"Los seres humanos nos parecemos mucho más de lo que pensamos y en la literatura global las tormentas siempre son las pruebas al carácter humano, al colectivo, al ser humano. Nuestras respuestas quizás sí son diferentes, porque se crea el colectivo, estamos listos para atenuar los daños propios y ajenos. El Caribe aún es una tribu", plantea toda vez que reconoce que, más allá de la histeria que se le atribuye al país, las reacciones son un asunto de temor.

"Hay una memoria histórica que se activa porque nuestros mayores nos han contado y sabemos lo que es un huracán. No pasa así en otras ciudades. Aquí vivimos muy en contacto con el mar, con la naturaleza, aunque pensemos que no desde el aire acondicionado del carro. Vivimos en el ciclo natural del paso de los vientos", finaliza la autora cuya obra se hermana a la de muchos escritores caribeños cuyos textos saben a mar y suenan a vientos, a veces, un poco huracanados.

Publicado en la edición del
5 de septiembre de 2010 de *El Nuevo Día*

CUANDO CALIENTA EL SOL

Aquello es lo que se dice un "plegoste". La camisa se pega a la espalda, las gotas de sudor bajan lentas, sacar la lengua es probar salado y hay partes del cuerpo que se encuentran a tal punto que despegarlas puede ser un asunto altamente resbaladizo. Es el Caribe y hace calor.

Para las culturas que vivimos en un eterno verano, hablar del calor es como pedir la hora, una cosa tan normal que casi pasa desapercibida. Pero está ahí, siempre presente, como cuando nos entregamos con fe al aire acondicionado o cuando llega a esos extremos obscenos en los que no se mueve una hoja y ser humano que se precie solo quiere quitarse las pocas capas de ropa que cubren lo que queda de pudor. Porque tener calor en colectivo es una cosa muy íntima.

Como es natural, el arte ha buscado explicar esas cosas que tanto nos cuesta entender. Y, nadie se llame a engaño, aceptar el calor cuesta, al menos un sofocón. Así que en ánimo de desentrañar un poco la experiencia sudorosa de vivir en el trópico, exploramos desde el arte y la sociología esa cosa rica y mala que es el calor.

Cuerpos calientes

"Desde el punto de vista de la tradición del análisis social siempre ha habido debates en torno al determinismo geográfico y a cómo se ha querido restar valor al mundo tropical como un mundo de gente que no es trabajadora, que son unos vagos, indolentes, fiesteros y sensuales", observa el sociólogo y experto en cultura popular Ángel "Chuco" Quintero.

Esto ofrece dos salidas: pensar que, en efecto, el ambiente determina todos los aspectos de unos modos de ver y entender el mundo o negar esa idea completamente. Quintero parece situarse en el justo medio. De ahí que algo como el clima incida, mas no determine, nuestros más notables rasgos culturales.

"La idea de los cuerpos calientes, por ejemplo, tiene una connotación sobre todo erótica. También está el hecho de que el cuerpo no tiene que estar completamente cubierto y hay una mayor posibilidad de que se exprese", elabora Quintero toda vez que recuerda que este tipo de cosas sustentan los estereotipos sobre los caribeños que los mismos caribeños buscan, muchas veces, erradicar.

Pero todo estereotipo surje de algún lugar. Estos cuerpos más libres, precisamente, por las temperaturas en las que se mueven, son cuerpos –quizás– más sociales. "Pienso en la sociabilidad playera, donde todo el mundo está en traje de baño, ahí el cuerpo no es un ancla para la expresión, es parte de la manera de hacer cultura", dice. Precisamente por eso, llevarlo al plano artístico puede resultar más fácil. "Hay una mayor predisposición a cierto arte corporal que se puede manifestar en el baile o en otras formas como el modo en que se mueven los deportistas", ilustra.

De eso puede dar fe el profesor de salsa y gestor del proyecto *Cambio en clave*, Rafael Cancel. "Pienso en el calor y tengo que pensar en su máxima expresión tropical que es el sudor, porque no en todos los calores se suda como aquí. A mis estudiantes siempre les digo: si sudaste es porque gozaste".

Pero en el mundo del espectáculo el sudor tiene su lugar. No es lo mismo sudar en el Centro de Bellas Artes, donde el sudor resultaría incómodo, que en una pista de baile. "Bailar rompe todos los esquemas, cuando sales a bailar con el más sudado o la más sudada con ese es que tú quieres bailar porque es el que está disfrutando. No es fó, es qué rico, es vamos a gozarnos este calor".

A veces el calor aquí es una cosa festiva.

Piso que hierve

Cuando empezó a bailar descalzo sobre el piso de linóleo el bailarín tuvo que saltar lejos de allí o habría terminado con alguna quemadura. "Eran las doce del medio día y teníamos un espectáculo en una escuela", recuerda la directora artística de Andanza Lolita Villanúa, quien como bailarina ha experimentado más de una vez el calor como algo inherente a su oficio.

Para un artista entrar en calor es entrar en creación. "Un público cercano que mira el sudor del bailarín, que ve todo el esfuerzo que conlleva, vive una experiencia distinta", describe Villanúa quien asegura vivir "siempre con frío, excepto en junio que estoy en mi ambiente".

La reacción al calor del artista Antonio Martorell poco o nada tiene que ver con el clima. "El único calor que me preocupa es el calor del trabajo, el sudor del hacer. Soy muy poco consciente de los cambios en la temperatura porque siempre tengo la temperatura alta. Padezco de fiebre existencial", dice desde su taller en la playa de Ponce donde posee un pequeño jardín "para que me enfríe".

Al pensar un poco más en el calor, ya de modo más colectivo y –sobre todo– estando en Ponce, no puede evitar reflexionar sobre el calor de ayer y el de hoy. Su mejor insignia, los balcones. "Antes del aire acondicionado se vivía en los balcones y Ponce es una ciudad de balcones pero están desiertos porque no hay quien se atreva. Antes el calor era un factor determinante de sociabilidad, ahora es lo contrario", reflexiona Martorell quien confiesa siempre tener "las manos calientes".

Si el baile incita al calor, la música –digamos que– puede que propicie la calentura. Tomando la salsa como ejemplo, bastaría recordar cómo el "boom" de la salsa romántica se valió constantemente de frases alusivas a las subidas de temperaturas. Más de un salsero clamó "tú me quemas", deseó "mantener la llama ardiendo", habló del "fuego que corre por mis venas" o imploró tener "el fuego tuyo en mis espaldas", como recopila el sociólogo e historiador de la salsa Hiram Guadalupe.

Para él no necesariamente el calor implica un cambio en las interacciones sociales, es un dado.

"Todo lo medimos por temperaturas, cuando alguien se enoja se le dice: baja la temperatura", ejemplifica. Y, aunque evidentemente hay sus excepciones, el calor tiene su saldo en el encuentro con el otro. "En el calor somos más afectivos, más tocones, más parlanchines, más sandungueros", dice.

¿Cómo hablan los cuerpos del calor? "Son cuerpos rítmicos, lo ves en el andar, no hay miedo al roce", añade Guadalupe.

Lo del roce es una cosa muy fuerte. Para muestra basta revisar la crónica sobre el calor que la periodista chilena Daniela González escribió recientemente en Barranquilla. "En Chile, cuando pasas a rozar a otra persona en el brazo, la pierna o donde sea, te deshaces en disculpas, como si fuera un atentado a su libertad de andar tranquilo por la vida. Pero acá, cuando toqué por casualidad a las personas, mi solicitud de clemencia era de una exageración irrisoria", narra.

Entonces, se vuelve demasiado evidente, calor y sexo, calentura, temperatura... hasta rima. Pero es un poco –bastante– más que eso.

Caliente ficción

El calor como tema literario es un asunto de ansiedades. "Me gusta a niveles literarios porque usualmente son las personas del Caribe las que trabajan ese calor sofocante que solo nosotros conocemos y que nadie nos cree que existe", observa la escritora Mayra Santos Febres quien ha trabajado el tema tanto desde la poesía y el cuento como desde la novela como es el caso de *Cualquier miércoles soy tuya*.

La autora recuerda además cómo el tema del calor ha tenido una presencia notable en la literatura del mundo industrial del norte en el que el calor aparece como símbolo de ese lugar al que bajas y pierdes las inhibiciones. "Pienso en *El corazón de las tinieblas* de Joseph Conrad o en *Bajo el volcán* de Malcolm Lowry donde el calor viene como esa luz que te ciega que no es la luz de la ilustración, de la claridad", dice y añade títulos como *Trilogía sucia de la Habana* y *Carne de perro* de Pedro Juan Gutiérrez o en algunos cuentos de la colección *La Belleza bruta* de Francisco Font Acevedo.

Atado al calor está el paso del tiempo y en tierras sudorosas no hay invierno ni primavera que valga. "Aquí no marca el tiempo el imaginario que el mundo impone, aquí el paso del tiempo lo marcan las lluvias, los huracanes y los calores, ese vaporizo, la brisa caliente de volar chiringa y los veranos navideños", señala la escritora para quien el calor no es un tema inherente al escritor caribeño. "Es un tema escogido porque se puede pensar al Caribe desde muchos ángulos. El más doloroso y colonizado es pensar que no deberíamos estar aquí, que somos una nave a la deriva, que el calor y la costa es un gran error y la otra es pensarlo sin quererlo corregir, acercarse a él con sus fragores".

Y no todos los fragores son sensuales, no todo calor es festivo, ni es el Caribe el reino del sudor y del sopor.

Publicado en la edición del
8 de julio de 2012 de *El Nuevo Día*

BUFANDAS EN EL CARIBE

Decimos que algo es más viejo que el frío con la certeza de que el clima siempre ha estado mucho antes que nosotros. Después de todo, llegamos a un contexto, a un espacio y la temperatura y los fenómenos climatológicos están ahí y son mucho más grandes y más viejos que nuestras relativamente breves vidas. Sabemos, por ejemplo, que al menos durante nuestra existencia la nieve siempre ha estado ahí, pero, ¿pasa lo mismo con el hielo? O quizás la pregunta es: ¿ha sido siempre la misma nuestra relación con el frío?

Empecemos por los bloques helados. Según la documentación histórica de su origen, ya desde el siglo XVII se utilizaba hielo (entonces era nieve prenzada con instrumentos de madera) para diversos propósitos y solía almacenarse en pozos, hoyos en el suelo o casas de piedra. Su traslado era una proeza y, por ello, su uso quedaba limitado a aquellos que podían darse el gran lujo de comprar un trozo de una de las manifestaciones más fascinantes del universo de las temperaturas: el frío hecho objeto. Esa forma sólida del agua que Gabriel García Márquez imaginó y noveló en la primera oración de *Cien años de soledad* ("Muchos años después, frente al pelotón de fusilamiento, el coronel Aureliano Buendía hab*ría de recordar aquella tarde remota* *en que su padre lo llevó a conocer el hielo»). El Gabo lo trató como lo que siempre ha sido la aparición del hielo, al menos en el Caribe,* un evento real maravilloso, un portento, un aliciente, un oasis helado que siempre va a derretirse.

Y es que sin duda, lo que el escritor recogió en su novela retrata claramente una característica intrínseca de la zona geográfica a la que pertenecemos. Pues, basta no tener algo para sentir fascinación por ello. De ahí que a nadie le sorprenda que en Puerto Rico exista una constatable fascinación por el frío, por la nieve, por la blanca Navidad tan distinta a nuestra realidad de playa y sol, de cielos azules e infinidad de tonalidades de verde en la montaña. No debemos olvidar que este es el país al cual una alcaldesa (doña Felisa Rincón de Gautier) a principios de los cincuenta mandó a traer nieve en un avión para que los niños de San Juan y de toda la isla pudieran conocer ese misterio blancuzco y helado que es la nieve. Lo hizo en el 1952, 1953 y 1954 y todavía hay quienes recuerdan aquella experiencia alucinante de ver la nieve llegar a San Juan en un avión de carga. Y la verdad es que en el imaginario popular puertorriqueño, muchos recuerdan el gesto con más ternura que cinismo, con más nostalgia que nociones de absurdo. Después de todo en las islas siempre se espera que algo caiga del cielo, así sea nieve.

Culto al aire acondicionado

Al día de hoy, el asunto va un poco más allá. En la época navideña, cuyos aires fríos han demorado en llegar más de lo usual este año, es común ver personas saliendo a la calle con botas propias para temperaturas de inviernos crudos, vemos trineos, venados y copos de réplicas de nieve en las decoraciones navideñas, miles van a diario al centro comercial más grande del país a ver cuando lanzan "nieve" (usan una máquina de espuma) del techo; así como infinidad de manifestaciones que evidencian la pasión por el frío –o cómo aquí se le llama: el frío pelú– que algunos viven en Puerto Rico.

Esto nos lleva a pensar en los años posteriores al establecimiento del Estado Libre Asociado y el desarrollo –urbano e industrial– del país en términos de insfraestructura. Se trató de un proceso que no hizo más que confirmar lo que profetizó alguna vez Henry Klumb, arquitecto alemán que estuvo radicado en Puerto Rico en aquella época y se convirtió en una figura indispensable dentro del diseño arquitectónico en la isla que tomaba en cuenta nuestra realidad tropical. Klumb advirtió: "si se sigue construyendo pensando en el aire acondicionado estamos hipotecando el futuro de Puerto Rico". Menuda y cruda profecía.

Entonces tenemos temperaturas envidiables por muchos durante todo el año pero perseguimos el aire acondicionado como si se nos fuera la vida en ello. Si no se puede tener en casa –por sus altos costos– se va a las tiendas, a los centros comerciales a buscar ese frío artificial. Una ambivalencia con el clima muy propia de estos tiempos. Pero, ¿afecta verdaderamente nuestra relación con el clima nuestra conducta y manifestaciones culturales?

"Yo diría que no, desde el siglo 18 y 19 se ha buscado explicar eso como un factor determinante. Se ha usado como un factor para devaluar, como una forma de explicar que somos vagos. No creo que sea un elemento determinante con la cultura ni mucho menos. Lo que sí, es que nuestra relación con el clima es muy ambivalente porque nuestra relación con nuestra realidad es ambivalente. Siempre estamos viviendo la vida queriendo irnos, con la nostalgia de lo que sería vivir la vida en otro lugar", opinó el psicoanalista Alfredo Carrasquillo, quien vincula esta idea sobre todo a los constantes y cada día más complejos flujos migratorios de la isla y a nuestra relación con los Estados Unidos. Recordó una cifra reciente: 34% de la población del país contempla la posibilidad de irse en los próximos dos años.

"Jugamos con el título de la novela de Milan Kundera: *La vida está en otra parte*", expuso toda vez que afirmó que el imaginario de la blanca Navidad que opera de la misma manera en otros países con climas similares al nuestro no necesariamente está vinculado a nuestra realidad política, sino que más bien forma parte de la lógica de la economía del consumo y del capitalismo que aplica de manera global.

Las repercusiones de esta tendencia son mucho más abarcadoras. A juicio del climatólogo Rafael Méndez Tejeda, en Puerto Rico estamos haciendo un mal uso del aire acondicionado. "Se usan temperaturas que no guardan ningún tipo de relación con nuestra realidad", dice toda vez que recuerda "la cantidad de hongos que se generan en los sistemas de refrigeración" y el riesgo para la salud que representa estarse moviendo constantemente de temperaturas muy frías a otras muy cálidas. "Ha cambiado incluso la forma de vestir del puertorriqueño, somos tropicales y la gente anda en abrigos", observa.

Méndez Tejeda considera que además del tema de la salud, el costo energético es otra de las preocupaciones centrales respecto al llamado culto al aire acondicionado. "Una temperatura ideal sería de 73 a 75 grados, pero aquí ponen los aires en 60", anota.

Naturaleza ausente

Una de las marcas más notables de vivir en un lugar donde las estaciones del año sean un espectáculo visual, lo es la noción del paso del tiempo. Lo recuerdan los árboles cuando pierden sus hojas, el paisaje blanco del invierno o colorido de la primavera, el marrón y los naranjas del otoño. En Puerto Rico siempre ha habido estaciones, pero quedan marcadas de otra manera con los vientos, los huracanes, las cosechas, el tiempo muerto. Sin embargo, hoy día, en el imaginario de muchos boricuas, pareciera que nuestro verano es eterno.

"No queda tan marcado el paso del tiempo porque estamos desvinculados de la experiencia de la tierra, algo que se agrava además con el cambio climático", reflexionó Carrasquillo, para quien dada esta nueva realidad lo que está marcando el paso del tiempo en el país –en alguna medida– son las fechas de las festividades.

En el pueblo de Adjuntas hay un esfuerzo por afianzar ese contacto. Se trata del Festival del Frío, un evento que ya lleva 7 años y que se celebra en febrero en el Parador Villas Sotomayor. Jesús R. Ramos Puente, propietario de la hospedería, es uno de los fundadores del festival que se desarrolló en alianza con el Club Adjunteño.

"Adjuntas es el pueblo donde más baja la temperatura en el año porque es el más alto sobre el nivel del mar. En Aibonito prevalece el periodo frío por más tiempo y en Adjuntas baja más, pero por menos tiempo. Tenemos récord del 1963, cuando la temperatura llegó a 40 grados Fahrenheit. En distintos años ha llegado a 43/45 grados. El año pasado lo más que bajó fue el día 10 de febrero, que llegó a 45 y este año ya un lunes bajó en diciembre a 49.3", comenta Ramos Puente, quien a diario a las 4:30 de la mañana documenta las temperaturas que se certifican a través de la NOAA (National Oceanic and Atmosphere Administration) en la estación experimental agrícola de Adjuntas. Lo hace temprano por las lógicas de los informes meteorológicos, aunque sabe que las temperaturas más bajas se dan entre las 6 y 7 de la mañana.

El festival comenzó como un esfuerzo para dar seguimiento a desaparecidos eventos culturales que se realizaban en el pueblo y en los que la gente sobre todo quería sentir el frío. Al día de hoy ha evolucionado (ya la edición

2015 y la del 2016 están llenas en el parador) y cuenta con sus propios rituales.

Dura un fin de semana y uno de los eventos más esperados lo es la caminata del sábado a las 6:30 de la mañana. Los participantes salen descalzos –y bien abrigados– para sentir la grama y la energía de la tierra y se topan con el espectáculo visual del primer rayo de luz que refleja el rocío y las cientos de arañas tejedoras que han hecho sus telas durante la noche, se ven en las copas de los árboles, en las ramas. También se observan cientos de libélulas que se posan en un pedazo de yerbajo y cuando desprenden una gota de rocío desde su cola emprenden su vuelo. En el festival recorren una extensa siembra de plantas y árboles endémicos, hay certamen de trovadores y otros eventos familiares como juegos relacionados al hielo.

Pero quizás el favorito de muchos es la despedida del frío. A las doce de la noche, se lanzan bloques de hielo en el suelo y cada persona agarra su bloquecito y lo va colocando en una yagua de palma. Luego, diciendo la letanía "vamos al río a despedir el frío", llegan hasta el río Vacas y colocan la yagua para que el río se la lleve hasta el año próximo. Y se va por ahí, una yagua llena de hielo por el agua dulce. Dejándonos claro que en el Caribe, siempre fue más realismo que magia.

Publicado en la edición del
21 de diciembre de 2014 de El Nuevo Día

V

Casas, calles y fechas

LOS DÍAS ESPECIALES

¿Por qué usar medias de nilón en el Caribe? Viernes Santo. Aibonito. Dos niñas, hermanas, visten igual. Caminan la procesión por todo el pueblo. Todo el mundo va bien vestido. Las hermanitas estrenan trajecito. Ha llovido. Llueve. Y va a llover. Cosas del Viernes Santo.

Con todo y que Aibonito es el pueblo más frío de la isla, el vapor hace que el roce de las telas se vuelva un asunto complicado, una especie de pegatina delicada y hostil con su mezcla de tela y puntilla enrojecedora de pieles. Lo de las medias es punto y aparte.

Calientan las piernas, aumentan la piquiña y para muchas así lo harán hasta que se paseen a las doce del día por la Milla de Oro en San Juan. Saldrán de sus oficinas, neveras insolentes, a su hora de almuerzo y poco a poco se irán derritiendo los ropajes de nevada. Porque aunque en Puerto Rico no todo el mundo viaje a experimentar inviernos, bien que la mayoría sabe lo que es andar envuelto en bufandas y botas de lana. Después de todo si en el Caribe sucede casi casi como en *El Quijote*, que se vive en un eterno verano, al menos desde las ropas hay un tierno gesto de rebeldía.

Mi primer encuentro con la puntilla y las medias fue a los 4 años en la graduación de la pequeña escuela de Misis Magda. De allí recuerdo ese recitar matutino de rojo-red, azul-blue-, amarillo-yellow. Me habían mandado a hacer un traje para la ocasión, un vestidito blanco con cintas en colores pasteles sobre el cual me colocaron una pequeña toga blanca, con el consabido birrete, y se me indicó que era un día especial, que había que portarse bien, que cuando uno desfila camina lento y que todo el mundo estaría orgulloso de mí. Palabras mayores para cuatro años.

Me lo tomé todo muy en serio. Caminé tan lento –un pie y pausa, otro pie y pausa– que creo que hubo que repetir la marcha de los graduandos en más de una ocasión y me mantuve sentada durante las horas de la ceremonia con las manos juntas, sin moverme, sintiendo cómo los dedos resbalaban del sudor. Todo el mundo me dio besos al final. Los días especiales todo el mundo se besa, se besa demasiado.

La casa donde vivieron todo su matrimonio de más de 60 años mis abuelos maternos está en la Calle Baldorioty del pueblo. Es una casa de madera con pisos que tienen un eco muy particular cuando algo cae al suelo y algunas paredes en cemento. Mi abuela santiguaba y era normal llegar una tarde cualquiera y ver gente desconocida esperando, cual oficina médica, en la sala de la casa. A mí me santiguó muchas veces y admito que la mayoría salía de allí con la sensación de que había sido testigo de un momento mágico, con la certeza de que las palabras de veras conjuran y con la sensación de nunca entender ese lenguaje del todo.

Por lo general sucedía esto: si dolía el estómago, abuela te acostaba en la cama, te ponía un poco de crema de aloe vera fría y con sus manitas, que eran pequeñísimas y regordetas, te daba un sobo en la barriga. Luego con dos dedos daba algunos golpecitos como tratando de escuchar el interior de tu estómago y finalizaba haciendo una serie de cruces sobre la barriga y diciendo unas palabras que ni agudizando mis oídos de la manera más efectiva logré descifrar. Cuando preguntaba me decía, es una oración. Alguna vez escuché a mis tías contar que ella heredó el don de alguien más y que esa oración ella la supo en un sueño. Al día de hoy estoy esperando escuchar esas palabras en un sueño pero sospecho que mientras más las busque más se me esconderán.

Abuela nunca cobraba pero la gente siempre pagaba los sobos con gallinas del país, racimos de plátanos, pomarrosas, piñas y todo tipo de frutos y alimentos. Después de todo no dejaba de ser impresionante que tras semanas con dolores terribles, digamos que en un tobillo, un sobo y unas frases ajustaran el asunto.

En una ocasión, de hecho, me doblé el tobillo, de esas veces en las que desconoces si lo que tienes es un pie o un jamón. Ella hizo su asunto, midiendo primero con una tirita de tela las dimensiones jamoniles, sobando luego y volviendo a medir después. Siempre medía menos que al principio. No sé si aquello era matemática o fe.

Por lo general, mientras todo eso sucedía, mi abuelo, quien tenía su escritorio en el mismo cuarto que abuela tenía la cama de los santiguos como si después de viejos compartieran oficina, estaba en algún lugar viendo juegos de pelota o leyendo alguno de mis artículos del periódico para con tinta roja contestar a cada cosa en la que no estuviese de acuerdo.

Poco más o menos así funcionaba la rutina diaria, a excepción de los días especiales como el Viernes Santo, el Día de Acción de Gracias, de las Madres, de los Padres, Año Viejo y así. En la casa todo cambiaba. El eco de los zapatos sobre el piso de madera se volvía un barullo de pies y en una casa pequeña nos acomodábamos los 27 primos hermanos, con sus respectivos hijos, novios, esposos, etc... fruto de los ocho hijos de abuelo y abuela.

En los días especiales se comienza a cocinar desde el amanecer, se viste bien y se hace poco. Si de por sí madrugar es un suplicio, en los días especiales hay que hacerlo oliendo a ajo, a culantro y achiote, algo mucho menos dramático que el despertar del Viernes Santo, una mañana olorosa a bacalao frito para escabeche.

Mi madre hace postres y los distribuye como si traficara alguna droga, con secretividad, asegurando raciones razonables. Todo el mundo habla, se usa la mesa poco tiempo para que se pueda comer por tandas y las mujeres vamos al baño juntas, en bandadas para en medio de las intimidades del cuerpo contarnos las otras intimidades. Siempre alguien vende alguna cosa, mejor si son panties de Leonisa o de Maripily como pasó alguna vez en los que las tías abuelas terminaron fascinadas levantando con curiosidad científica los hilos dentales que una prima vendía como ropa interior.

En los días especiales todo el mundo está más grande, ha crecido, ha cambiado. En los días especiales se habla duro, se ríe más duro. Se come sin pudor, se piden bendiciones, se reciben preguntas imprudentes, se responden con evasivas. Se juega dominó, se hacen ritos.

Suelo tener esa conversación con mucha gente, esa de si tienen o no sentido los días especiales. Soy consciente hasta la saciedad del argumento por demás válido de que muchas de estas fechas son inventos del capitalismo con ritmos precisos para que el gasto nunca disminuya, estoy clara de que un día es un día, y una fecha es una fecha. Pero hay algo en el rito que organiza tanto, hay algo de ternura en eso de vestirse y desfilar, de desafiar el clima en función de la poesía, algo rítmico en celebrar colectivamente, algo más primario. Algo... ¿Nacional?

28 de abril de 2014

LA FIESTA DE LOS 50 DÍAS

1. Góndolas histéricas

Lo primero lo aprendimos en primer grado. Los cuentos tienen una introducción, un desarrollo y un desenlace. Y por más que nos empeñemos en buscar formas alternativas –a veces con extraordinario éxito y otras con estrepitoso fracaso– lo cierto es que hay una cosa que es infalibe, pensar los relatos con la siempre clásica y funcional fórmula funciona. Lo que sucede es que en el caso de nuestra época festiva, necesitamos además un prolongado prólogo y un aún más prolongado epílogo. Porque en este tema hace rato que pasamos de la escuela elemental. Lo nuestro son estudios graduados en el jolgorio.

Este año fue distinto. Octubre nos dejó casi supurando de calor. Transpirando hasta el agotaminento y frustrados ante la imposibilidad de decir con desesperada puntualidad la frase de moda en esta temporada: ¡ya se acercan los aires navideños! ¡ya se siente el friíto! Pienso en eso y me da ternura, casi tanta como cuando veo bufandas y botas de pies sudorosos en nuestro eterno verano caribeño. De hecho, es esta última una de las cosas más quijotescas que tenemos, lo del eterno verano. En *El Quijote* nada pasa en un invierno y van así narrándose las historias bajo el mismo clima, como si no pasara el tiempo. Lo que pasa es que sí pasa. Y sí, aquí tenemos estaciones, hay vientos, mareas, temperaturas, cosechas, lluvias, huracanes y una flora hermosa que nos lo confirma. Pero vamos a la playa cualquier día de cualquier mes y, a veces, siento que el tiempo pasa con menor prisa o que el paso del tiempo insiste por camuflarse de belleza.

Hace unas semanas salió una noticia de que octubre fue el mes más caluroso desde que se llevan los registros de temperatura en el mundo, según informes de la Administración Nacional del Océano y la Atmósfera, por sus siglas en inglés NOAA. Esto debido al calor sin precedentes en los océanos. O algo así como que nos estamos cocinando, estamos fritos, hervimos, ardemos. Aunque caiga espuma en Plaza Las Américas y el aire acondicionado nos haga sentir que la ficción de las mágicas máquinas de aire frío, es superior a la realidad.

Por eso no es de extrañar que año tras año, el gran prólogo de nuestra Navidad se escriba cada vez más temprano. El aire acondicionado parece salvarnos de todo, hasta del calor oceánico. Nuestra Navidad comienza a pesar del sol, una ficción feliz y acondicionada.

Y así, junto a los disfraces del Día de Brujas, comenzaron a colarse los árboles de Navidad y las guirnaldas. No recuerdo haber visto un pavo por todo aquello, pero estaban las góndolas histéricas y no sabía una si vestirse de árbol de Navidad o decorar la casa con bombillitas y caravelas. Debe ser que el calor nos hace perder a veces la noción del tiempo y del calendario.

2. Contar 50 días

Para las cuarentenas uno se prepara física y mentalmente. Para las cincuentenas no sé qué uno hace y si el cuerpo aguante. Y esta temporada navideña que llega a Puerto

Rico, según calculo, es incluso más larga que cuarenta días de cualquier cosa. Pues, al finalizar ayer el Día de Acción de Gracias y con –la siempre criticada por unos y venerada por otros– venta del madrugador, oficialmente los adornos navideños salen del clóset y hasta los más reservados en el tema se entregan a la maldad, o lo que es lo mismo, dejan salir su espíritu navideño de maraca en mano, aceptación de cualquier coquito que se ofrezca, delirio morcillacional, pasión por el cuero crocante y análisis profundo respecto al lugar preciso en el que debe colocarse la guirnalda o si el árbol ha de llevar bombillas blancas o de colores. Después de todo dicen que en las islas todo llega o demasiado tarde o más temprano que en cualquier parte. El punto es que desde hoy hasta el fin de las Fiestas de la Calle San Sebastián, se cuentan cómodamente 50 días de fiesta.

Aquí la ruta hacia la Noche Buena dura un mes, un prólogo largo y fiestero, de intercambios de regalo en la oficina, de parrandas, toque de güiro y movimiento (al estilo de las tunas) de hombros y caderas a la más mínima provocación y sobre todo se presentan como una razón de sobra para explicar cualquier junte o cualquier cosa.

¿Debo ir a la fiesta de fulana si mañana tengo trabajo? ¡Claro, es Navidad! ¿Debo comerme ese cuerito si ya me comí dos pasteles? Olvídate, es Navidad. Es más, prueba el tembleque. ¿Debo comprarme ese traje de lentejuelas? ¿No es muy corto? ¿No me veré medio putón? Relájate, es Navidad.

Y claro que para muchas personas la Navidad tiene ante todo un profundo sentido espiritual y representa por encima de todo esto, un momento de unión familiar, fe, esperanza para el nuevo año y la ritualidad propia de la fe religiosa que profese. Eso es cierto, pero también lo es que dejando de lado ese aspecto central para muchos, en el país esta gran fiesta de los cincuenta días es una especie de largo paréntesis en nuestro calendario, una amnistía –y ojalá que una tregua de tantas cosas– donde la fiesta es central, donde el comer y el bailar son puntos de alta prioridad en las agendas.

3. Ese gran verbo: reyar

De niña nos llevaban a comprar el árbol de Navidad en los muelles de San Juan. Me consta que nos dejaban escogerlos porque al mirar las fotos, aquellos árboles que escogíamos mi hermana y yo, más que pinos parecían árboles silvestres del campo con toda su precisa deformidad. De aquella época recuerdo haber sido angelito del Nacimiento, estrella de Belén y espíritu de la Navidad en la adaptación escolar de *Canción de Navidad.* Quería ser Rey Mago pero nunca tuve suficiente barba.

Mi mamá nos llevaba a la misa de las monjas, a las parrandas en el Barrio Palo Hincao en Barranquitas y a vivir una de las aventuras más felices de la época: hacer pasteles con Clara, una amiga suya que dominaba el arte de la selección de hojas de plátano y el guayado de guineo con una elegancia que no he visto superar aún. Yo era pequeña, así que me tocaba cortar los hilos para amarrar los pasteles. Aunque confieso alguna vez haber metido las manos en la masa.

Con abuela Tata, la mamá de mi papá, el prólogo era breve. Decoraba la casa apenas un día antes de la Navidad. Eso sí, se notaba en cada esquina. En un santiamén aparecía el mantel de pascuas en la mesa, el Nacimiento con escarcha plateada en los bordes y agarraba una rama suelta del patio y la llenaba de bolitas y bombillas. Empezaba a romper y comer avellanas como si el mundo fuera a acabarse y la casa se llenaba de olor a coco proveniente de la olla del arroz con dulce. Era alcahueta. Hacía con o sin pasas, para los melindrosos.

El año nuevo sonaba a madera y monedas. En casa de abuelo Justo y abuela Meri también había arroz con dulce que abuela decoraba con esas galletitas que se llaman florecitas. Pero la casa a lo que olía era a inciensos y mirra para el sahumerio de la Noche Vieja. Íbamos todos, uno a uno, a meternos en el baño de la casa de madera en la calle Baldorioty del pueblo de Aibonito. Veintisiete primos, ochos hijos, novios, esposas, vecinos, amigos. Mucha gente, a bañarse en humo, que no es otra cosa que a bañarse de fe. Porque, ¿qué es la fe si no es un humo que inhalamos a veces sin verlo y a veces viéndolo disiparse?

A las doce nada de abrazos urgentes. Todo el mundo a recoger las monedas del piso que abuela Mary lanzaba al suelo cuando llegaba el año nuevo. La esperanza de un nuevo calendario al día de hoy me suena a monedas cayendo al piso de madera. Un eco del futuro.

Luego llorar, ver a mis tíos fumarse un cigarro y ver los nuevos días llegar con una sola ansiedad: la llegada de los Reyes Magos, que en este caso era un asunto de magia. Desde noviembre, mi papá nos hacía mirar las estrellas cada noche alertándonos de que ya los tres Santos Reyes se estaban acercando. Cuando por fin llegaba el cinco de enero, no era que buscáramos alguna yerba rápida para poner en las cajas de zapatos para alimento de los camellos. Es que salíamos en misión con un cuchillo amolado y dos bolsas de basura de las grandes que llenábamos de la mejor yerba, la más fresca que encontráramos en el monte. El resto del día lo pasábamos lavándola, eliminando las hojas secas, cortándola en pedacitos para facilitar el que los camellos pudieran masticarla mejor. Dormir era un suplicio que solo lograba aplacar al despertar a las dos de la mañana de pura ansiedad para ver los regalitos bajo el árbol. Tuve ese privilegio que muchos niños no tienen de ser una niña que aprendió a creer en la magia. Aún tengo un recuerdo fresco en la memoria: ver las sombras de Gaspar, Melchor y Baltasar saliendo de casa. Creo en esa memoria como se cree en la posibilidad de un milagro. Nunca dudaré que mi memoria e imaginación de niña guardan más verdad que la de adulta. Madurar también es escoger certezas.

4. Agotamiento y carnaval

A esto seguían las octavitas y el cuasi carnaval boricua: las Fiestas de la Calle San Sebastián. Viví en el Viejo San Juan cinco años y fui subiendo y fui bajando esas cuestas fiesta tras fiesta. Ya en ese momento, han empezado las clases, se han ido los Reyes pero algo queda. La ciudad sigue adornada de Navidad, no se tumba un solo arbolito y ni hablar de apagar las bombillas. El otro día me preguntaba por qué duraban tanto, por qué esperar tanto. De todo uno se cansa, hasta del goce. A falta de respuestas; una hipótesis. ¿Será que en las islas el tiempo de veras se mueve diferente? ¿Será que cincuenta días es poco para una tregua? ¿Será que como todos nuestros procesos como país son tan lentos y prolongados así mismo lo vivimos todo? ¿O será que simplemente no hemos aprendido muchas cosas como país, pero sí hemos entendido que el verdadero placer tiene su narrativa, su introducción, su desarrollo y su desenlace? No tengo idea, pero entender el placer no es poca cosa. Y no es cosa de vagos, ojo, es cosa de humanos. Que no se olvide que el placer, cuando se siente de verdad, siempre –siempre– da trabajo.

Publicado en la edición del
28 de noviembre de 2014 de *El Nuevo Día*

LA ISLA EN UNA CALLE

Un piano en la calle, un asopao de bacalao del cual todos los vecinos podían comer siempre y cuando llevaran su plato, Lucecita Benítez cantando en una pequeña tarima callejera poco antes del Colegio de Párvulos, cabezudos más famosos y esperados que Mickey Mouse y niños desfilando tras el corte de cinta con una flor de campano en la mano porque la monja que se las entregaba las encontraba muy bonitas y no tenía idea de qué cosas extrañas salían de esa planta. En fin, que en esos inicios quedaba inocencia.

Hoy día las Fiestas de la Calle San Sebastián se han asumido como el auténtico carnaval boricua, ese último gran paréntesis que toda sociedad necesita antes de entregarse al rigor y a la estructura del año. Pero un carnaval es una cosa masiva, no un festejo vecinal en una calle sanjuanera. Son tan distintos como la plena y la batucada que se encuentran cotidianamente en dicho espacio. Incluso, ha mutado tanto el festejo que hasta ha surgido un nuevo nombre y hay para quienes hablamos de la SanSe que, al parecer, es algo muy distinto a las Fiestas de la Calle San Sebastián.

En la SanSe se habla de desalojos por parte de la policía, se documenta un promedio de 200 casos anuales de emergencias –casi todos vinculados a intoxicaciones en jóvenes a causa del consumo excesivo de alcohol-, en la SanSe hay vuvuzelas y extraños sombreros de jóker, en la SanSe no se habla mucho del padre Juan Manuel Madrazo, que el 1954 gestó las fiestas en honor al santo que da nombre a la calle, para restaurarla y recaudar fondos para la parroquia. Son como dos fiestas distintas que, a veces, ocurren de manera simultánea.

Como es natural, no siempre fue así. Cuando en el 1970 un esfuerzo vecinal surgió –que más tarde vendría a liderar Doña Rafaela Balladares (1914-2011) por petición de don Ricardo Alegría (1921-2011)– no más de 30 personas estaban allí para el desfile inicial de cabezudos y el corte de cinta. Y así fue por varios años. Los vecinos, creyentes o no, se apropiaban de la calle y celebraban al santo que se negó a renunciar a su fe y por tanto fue convertido en mártir. Lo celebraban allí en la calle viejosanjuanera que lleva su nombre y en la que se ve en las tarjas representado como el hombre amarrado a un árbol y asesinado a flechazos.

De esos primeros años, muchos de los residentes que por décadas han vivido en el Viejo San Juan, recuerdan los fines de fiesta que en el 1980, 81 y 82 la artista y sanjuanera Roxana Riera organizaba frente a su casa. Sacaba el piano, cocinaba, y la casa –como tantas otras del vecindario– quedaba de puertas abiertas. Muy cerca estaba el emblemático Tony's Place, punto de encuentro de todo viejosanjuenaero fidedigno. Los artistas llevaban sus grabados y pinturas y las obsequiaban a los músicos, se turnaban en el manejo del sonido y la iluminación; y la cocina era asunto comunal.

Antes de...

Y como recordar también es una forma de caminar o viceversa, nos encontramos con distintos sanjuaneros al inicio de la Calle San Sebastián para ir andando los pasos que llevan décadas recorriendo y que dan cuenta de la historia oral de este evento cultural cumbre en el país.

"Participaban con eventos para los niños Tere Marichal, Luis Oliva y Rafael Fuentes. María Falcón, Roxana Badillo y Pedro Zervigón eran los maestros de ceremonia. Amigos arquitectos ayudaban a poner las tarimas para que nadie se cayera. En esos años participaron gratis artistas como Tite Curet Alonso, Amaury Veray, Yumbi Boschetti, Lucecita, El Topo, Chucho Avellanet, Sunshine Logroño, Moliendo Vidrio, Atabal, Haciendo Punto en Otro Son, Los Rayos Gama", rememora Roxana Riera dibujando en el aire la tarima, la gente. Allí estaba esto, aquí lo otro. Son las cuatro de la tarde, no hay ruido en la calle pero casi se pueden escuchar la música y las voces. Eran muchos más los que entraban y salían pero la memoria es como los adoquines, una ruta que se transita con grietas e interrupciones.

En esa época los vecinos se levantaban al son de la diana de Los Alegres de Hato Tejas, otros ya desde las 4:00 a.m. estaban despiertos para limpiar las calles con potes de Kreso.

"En un principio era el gran mercado de la gráfica puertorriqueña y de los pintores", recuerda la escritora sanjuanera Magali García Ramis, quien junto a su hermano se integraba al mercado de venta de los artistas y, hoy día, como residente de esta calle, abre su casa a familiares y amigos y participa de las fiestas a las que no se siente cómoda de llamar SanSe.

La escritora y sanjuanera de siempre Vanessa Droz recuerda las fiestas cuando hace más de viente años eran en torno al santo pero con su "buena dosis pagana".

"Recuerdo en particular una noche frente al antiguo negocio Tony's Place. Había una tarima y estábamos bailando, disfrutando, y comenzó a caer un aguacero brutal. No importó. Nos quedamos bailando como si alguien nos estuviera bautizando con agua de felicidad", rememora Droz, quien fue la creadora de las ya eliminadas Noches de Galerías en el Viejo San Juan, evento que muchos relacionan con el devenir actual de las Fiestas de la Calle San Sebastián.

En la misma calle y tras subir unas escaleras en espiral estrechísimas, llegamos a la casa de María Ocasio y Francisco Marrero. Su hija Nancy nos recibe. Se trata de una familia que toda su vida ha vivido en el Viejo San Juan y ha estado vinculada a las Fiestas de la Calle. De hecho, Nancy llegó a ser la presidenta del grupo de jóvenes sanjuaneros que participaban de eventos centrales de la festividad como la presentación de los bailes de época que se hacían con orquesta en vivo. Eran jóvenes, se reunían para bailar y escuchar los cuentos de la entonces exalcaldesa de San Juan, Felisa Rincón de Gautier (doña Fela) quien les enseñaba al grupo el lenguaje del abanico y las costumbres de su época.

"Buscábamos los jóvenes casa a casa, luego conseguimos quién nos enseñara a hacer esos bailes. Ese evento era de noche, se iba a la misa vestido saliendo desde el Colegio de Párvulos y luego era el baile. Recuerdo que los muchachos se anotaban en un carnet para decir de antemano la pieza que bailarían con la muchacha. A muchos les gustaba la danza porque en el paseo se podía conversar", repasa Nancy quien siempre se mantuvo cercana a las fiestas en las que, de hecho, conoció a quien hoy es su esposo.

"Yo iba buscando quién me ayudara a cargar unas cajas de vino y cositas que habían sobrado del día anterior y él estaba afuera en la plaza frente a Contrafuertes, que era donde hacíamos las clases de baile", dice la residente del Viejo San Juan y madre de la actriz Naymed Calzada quien debutó desfilando en las fiestas antes de cumplir un año.

Su madre, María Ocasio, se encargaba de la confección de los vestidos y su padre Francisco colaboraba en todo lo necesario. "Hacíamos los trajes con muchos volantes y venían todos a cambiarse aquí", recuerda María, para quien es muy triste ver cómo ya los jóvenes que participan de los bailes de época no utilizan vestimenta tradicional. Lo cuenta desde la sala de su casa, de losa criolla y techos altos. La escuchamos en un sillón. Una vez más, es posible imaginar a la muchachería feliz envuelta en telas de colores entrando y saliendo de los cuartos, asomándose por los balcones.

"Había un líder de cuadra, venían los pleneros de La Perla, todo el mundo vendía algo, la comunidad entera se integraba pero hoy día no es así. No nos hacen parte, es como si te hicieran una fiesta en tu casa y no te preguntaran nada", reflexiona Nancy.

Como todo lo vivo por naturaleza crece, así crecieron las fiestas pero hubo una década clave, la del 90, que marcó un cambio en la dinámica. "En el momento en que se aceptó dinero de las compañías de cerveza se abrió un precedente", observa Riera.

Esto se combinó con la atención que el festejo generó en la prensa. Se comenzó a difundir y cada año llegaban más personas de distintos municipios. Con los años aparecieron más comparsas publicitarias que pleneros; el número de artesanos y visitantes se multiplicó exponencialmente, y el Municipio de San Juan comenzó a intervenir de manera más directa y se creó el comité organizador. Con el tiempo, de dos fines de semana se cambió a uno y de decenas de vecinos pasaron a ser sobre 300 mil visitantes.

"Entonces se prohibieron las ventas en las casas porque chocan con las leyes del Departamento de Salud. Pero entonces llenan eso de kioskos de personas que durante todo el año no pagan sus patentes en San Juan y vienen a lucrarse y nada más", denuncia García Ramis acerca de ese choque entre el orden espontáneo y natural de una actividad comunitaria y las lógicas de un Gobierno.

"Nunca vamos a estar de acuerdo en todo pero no queremos estar pintados en la pared", añade la autora para quien eventos como el corte de cinta deberían estar matizados por un enfoque en los personajes clave de la tradición y no en pancartas publicitarias que "le roban la belleza al momento". "No es lo mismo poner elegantemente una tarja que diga cortesía de tal que tener un botellón enorme en medio de la plaza o un cartel que lee el nombre de una marca en el corte de cinta", añade quien igualmente rechaza la visión de que a las fiestas se va a "beber hasta quedar inconsciente".

Con ella coincide otra residente por décadas en el Viejo San Juan, Zuckie Cruz, quien considera que el cambio del enfoque en la publicidad –particularmente de bebidas alcohólicas– ha redundado en que muy tarde en la noche se tope con jóvenes que hacen sus necesidades, vomitan o preparan sus cigarrillos de marihuana frente a su portal. "Ahí es que se forma el revolú, con el tiempo he tenido que tirar por la escalera un balde de agua", dice acerca del remedio santo al que ha tenido que recurrir para evitar olores indeseables en la puerta de su residencia; remedio que no pocos utilizan.

"Hay que preguntarse quién se supone que controla o maneja las Fiestas. ¿El Comité? ¿El Municipio? ¿A qué organismo le corresponde qué? Muchos no sabemos eso. ¿Son de la publicidad o de la comunidad?", cuestiona por su parte Droz.

De hecho, en febrero del pasado año y como respuesta a la pasada edición de las fiestas, la Asociación de Vecinos del Viejo San Juan le hizo llegar una serie de reclamos al Comité organizador del evento entre los que destacan: la excesiva comercialización de las fiestas, la presencia de un alto número de menores intoxicados, el hecho de que múltiples vecinos fueron testigos de encuentros sexuales en plena calle, ruidos excesivos más allá de la música, la desaparición de la tradición de la diana y la falta de zafacones, entre otros.

"Se debe concienciar a la ciudadanía que viene, con justeza, a disfrutar las Fiestas, de que en el Viejo San Juan vive gente, que detrás de cada fachada hay una familia o individuos que tienen derecho a descansar durante la noche, que esta ciudad no es una postal turística sino una entidad viva con gente que habita y trabaja en sus estructuras", lee el documento.

El tema levanta pasiones entre los sanjuaneros. Muchos incluso se van de la ciudad durante ese fin de semana, para otros el festejo y todo lo que implica es el precio a pagar por disfrutar de la ciudad todo el año, pero para la amplia mayoría consultada es una fiesta que reconocen que ya pertenece a toda la isla pero de la cual quieren formar parte.

"Pienso que hay esperanza con la entrada de Carmen Yulín pero eso lo veremos en el 2014", dice Cruz quien al igual que muchos residentes quiere y disfruta las fiestas.

Mientras caminamos, la gente saluda y aporta su comentario. Un rato antes, a un hombre lo mordió un perro cerca de la Escuela Lincoln. No había pasado media hora y al grupo se acerca un vecino contando que alguien, un par de calles más abajo, le había contado de la mordida. La anécdota es clara, San Juan tiene espíritu de barrio, alma de barrio, cuerpo de barrio. Quizás Calle 13 y Rubén Blades lo expliquen mejor con eso de que "el que se mete con mi barrio, me cae mal".

Si es cuestión de fiesta, la isla cabe en un barrio, basta que todos aprendan a bailar al mismo son.

Publicado en la edición del
13 de enero de 2013 de *El Nuevo Día*

SOBREVIVEN A CABALLO

Cuando la primera persona se llamó a sí mismo puertorriqueño, los Tres Reyes Magos ya estaban ahí. Por herencia católica y española, en el momento en que comienza a definirse la identidad puertorriqueña, esta tradición fue fundamental –al igual que muchas otras– en el surgimiento de una nueva identidad nacional.

Por esa razón, para muchos, los Reyes Magos son imperecederos en nuestro imaginario social. Sin embargo, no se puede negar que hace mucho tiempo el entusiasmo y el fervor de la tradición ha pasado a un segundo plano en muchas familias puertorriqueñas que prefieren celebrar la llegada de Santa Claus con más fanfarria que la de los Magos de Oriente. Pero eso solo en algunas, porque también existen los hogares donde no llega Santa y solo llegan los Reyes con sus capas, coronas y camello o caballos, según sea el caso.

Con todo el impulso de la gran publicidad que recibe Santa, esto no ha impedido que la tradición que hoy celebramos sobreviva con fuerza las transculturaciones obvias de nuestra realidad social y política. Nuestros niños no tienen el recuerdo de visitar a los Reyes Magos en la Lomita de los Vientos frente al Capitolio que comparten los adultos, luego de que esta tradición quedara suspendida, primero por asuntos de mejoras a la plaza circundante, y luego tras el traspaso de los terrenos al Servicio de Parques Federales para su posesión y administración.

Con todo y su aparente invisibilización, la tradición ha prevalecido. Está presente en la música tradicional, son personajes cándidos en las artes populares con particular énfasis en la plástica y la talla de santos; esto sin dejar de mencionar el importante rol del mundo religioso –en su mayoría católico– en la exaltación y preservación de esta tradición. Pero los Reyes casi no aparecen en la televisión, no hay abacoramiento de películas narrando su historia, no hay personajes de Disney que se topen con ellos bajo el árbol, no hay abundancia de narraciones accesibles a los niños acerca de su largo recorrido en el desierto siguiendo una estrella.

"Los artesanos han sido fundamentales en mantener la tradición, sobre todo los talladores. También las promesas de Reyes, muchas con tradiciones de más de 50 años", destaca la promotora artesanal Zulma Santiago para quien el elemento espiritual y de devoción asociado con estas figuras es crucial para su permanencia. La fe, cuando es genuina, perdura.

Igualmente, el hecho de que nuestros artesanos hayan criollizado a los Reyes ha sido crucial. "Es el único país donde los Reyes van a caballo y donde se les da el carácter de santos", abunda Santiago.

De hecho, es la talla más vendida y rentable para el mercado artesanal. "Se venden todo el año y hay muchísimos coleccionistas de Reyes".

Un aspecto indispensable para preservar la magia, explica el director teatral y cabeza de la Compañía de Teatro Coribantes, Rafael Rojas, es la presencia de los Reyes Magos como personajes en las diversas apariciones que hacen en Navidad. "Los niños saben lo que es una barba falsa. Hay que respetar la inteligencia del niño", advierte Rojas quien cada año coordina grupos de actores que interpretan a los Magos de Oriente. Este año es el coordinador de los vistosos personajes que reciben a los niños en Plaza Las Américas.

A esto se suma la necesidad de que se desarrolle más ampliamente una literatura infantil y una tradición teatral plena donde Gaspar, Melchor y Baltasar tengan mayor presencia. "La Navidad se ve como un periodo muerto para la producción teatral y debería ser todo lo contrario", afirma.

Y, obviamente, no puede olvidarse en la ecuación el aspecto económico y comercial como barómetro. Por un lado, al pasear por muchas cadenas estadounidenses ya se observa que a este punto, contrario al pasado, han ido desapareciendo los adornos de Navidad y el desespero por la compra de regalos no supera el del 25 de diciembre pasado. "Por la situación económica este año los Reyes estarán más limitados. El negocio al detal en Puerto Rico cada día lo dominan más las cadenas estadounidenses que no celebran Reyes y ellos son los que están sentando el patrón", establece el analista de temas relacionados con el consumo, el profesor Gilberto Arvelo, Dr. Shopper.

Entonces los Reyes Magos, al parecer, tienen que ver cada día menos con regalos caros y grandes gastos sino quizás con un encuentro familiar, con un momento religioso o quizás incluso con el regalo sencillo de una artesanía hecha con devoción y paciencia. A veces las tradiciones, perdiéndose en apariencia, se recuperan en significado.

Publicado en la edición del
6 de enero de 2013 de *El Nuevo Día*

VI

Palabras

MAMI

La tenemos en la punta de la lengua desde mucho antes de lo que podemos recordar. Aplausos adultos celebran cada vez que la boca infantil junta la eme con la a y va brotando de los labios la palabra esperada: ma, mamá, mami, mamita, mai, madre.

Es un sonido común que suena a origen, pero que hoy tiene multiplicidad de acepciones que podrían leerse como síntoma de fracturas más hondas relacionadas con lo social.

Aquí la madre es mucho más que la hembra que ha parido, que la patria o esos sentimientos de ternura asociados con los arrumacos de la infancia. Mentar la madre por estos lares, remite a otras emociones.

Si algo causa malestar decimos: "¡Está de madre!", "¡Sea la madre!" o "¡Qué desmadre!". Si algo nos provoca sorpresa, de inmediato exclamamos: "¡Ea madre!", "¡Ay, madre!", "¡Mi madre!" o repetimos el "¡Está de madre!" con distinta entonación.

También nos indica tamaño, pues si estamos ante una gran congestión vehicular, de inmediato la bautizaremos como "la madre de los tapones" o, si por otro lado, no sabemos de lo que nos hablan o no hemos entendido bien alguna cosa nos referiremos a ello como "la madre de los tomates".

También es cuestión de belleza, porque un niño o niña pequeño o incluso un gatito que llame nuestra atención se llevará el superior de los halagos: "¡Qué lindo mamá!", sin nada que ver con la maternidad. O por el contrario, cuando se utiliza con sarcasmo puede ser el mayor de los insultos.

Cuestiones de peso mayor no escapan a la madre, porque no hay juramento superior a aquel que se hace "por tu madre" o "por la madre que te parió".

También está la curiosa manera de referirse a la pareja o a una mujer guapa como mami, mamita, mamisonga, mamasita o, sencillamente, mama. En esa misma línea se ubicarían aquellos que salen a "mamitiar" para referirse a hombres que andan en busca de una mujer.

El insulto mayor

En materia de ofensas y agravios es donde radica el verdadero despliegue de la palabra, pues mentarle la madre a alguien –al menos en Puerto Rico y en muchos países de tradición hispanista– es ofensa mayor. Basta exclamar "¡Tu madre!" para que se desate una discusión fuerte que podría terminar en sangre. Igualmente, uno de los insultos boricuas más populares "hijo de..." a quien ofende directamente es a la madre del agraviado o, si se quiere rematar, hablar de que alguien "no tiene madre", es hablar de la carencia mayor.

En fin, insultar a la madre o su mera mención en materia de discusión es llegar lo más lejos posible si verdaderamente se busca ofender.

Pero, ¿qué dice esto sobre nuestra cultura? Dejemos que hablen los expertos.

"Soy española y desde que llegué a Puerto Rico me llamó mucho la atención el poco uso de la palabra madre con la verdadera acepción de nombrar a la madre de uno. En ocasiones, el uso de la palabra parece un tabú, incluso una mala palabra. Decir 'tu madre' es algo ofensivo. Ha perdido su acepción más bonita, ya no tiene la calidez, el cariño, lo entrañable", comenta la académica de la Academia Puertorriqueña de la Lengua, Amparo Morales, quien considera que ese fenómeno es algo que debe estudiarse con más atención pues no deja de sorprenderle cómo "un universo de connotaciones se ha visto reducido y prohibido en la parte significativa más importante".

Y, de hecho, es literalmente un universo de acepciones si de la palabra madre se trata. El diccionario de la Real Academia Española presenta 14 definiciones que van desde "hembra que ha parido", "mujer religiosa", "causa u origen", "madre patria", pasando por "mujer anciana del pueblo" y llegando hasta los nombres de distintas herramientas. Esto, sin contar con los localismos que como en México pueden llegar a frases como: "partirle la madre" denotando una golpiza o incredulidad respecto a cualquier cosa: "no cree ni en la madre".

Carnaval y cercanías

El poeta y director de la Academia Puertorriqueña de la Lengua, José Luis Vega, propone otra mirada al asunto partiendo de las teorías en torno al carnaval acuñadas por el filósofo ruso Mijaíl Bajtín.

"Él interpreta el lenguaje popular, particularmente las maldiciones, como formas carnavalescas cuyo elemento central es subvertir lo elevado. Eso tenía un carácter positivo y liberador porque daba muerte a los valores de la cultura oficial y permitía el resurgimiento de un mundo más libre. Todas esas formas de maldecir a la madre, a la divinidad, de desearle el mal al prójimo a partir de la madre, son los remanentes de un lenguaje festivo que tenía sentido carnavalesco; es matarlos para que puedan resucitar", elabora Vega, quien observa el término como "muy polisémico y conectado a esa tradición".

Asimismo, opina que el hecho de que en el País se utilicen palabras como "mami" para referirse a la madre tienen que ver con un cambio social.

"El término se ha ido ablandando y refleja un tipo de sociedad donde madres e hijos procuran ser más amigos que en el pasado donde el padre y la madre constituían figuras de gran respeto y había una cierta distancia en el trato", comenta.

Por su parte, la lingüista Maia Sherwood observa que estamos ante una palabra muy poderosa que es "similar en muchas lenguas y, no es coincidencia, pues la eme y la a son sonidos básicos que emiten los infantes".

Sherwood también destaca como elemento , aún por estudiar, el que se le llame mami o mamita a las niñas pequeñas. Igualmente, opera la memoria afectiva.

"Cuando decimos mami o mamá nos conectamos de algún modo con ese infante atrevido y vulnerable que empezó a nombrar el mundo con esa palabra", opina.

Lengua y cultura

La etnolingüística, que ofrece una visión más vinculada a la relación entre lengua y cultura desde un punto de vista antropológico, abona al análisis.

"Una de las cosas fabulosas que tiene el dialecto del español de la Isla y del Caribe es la actitud innovadora que tenemos con la lengua, donde para nosotros nada es sagrado y nos encanta jugar con el idioma y con todas las variantes que pueda tener", anota la etnolingüista Alma Simounet, del recinto de Río Piedras de la Universidad de Puerto Rico.

La experta señala que en el caso de madre, en el país podría tener una connotación sagrada relacionada al concepto del culto marianista en la Iglesia Católica.

"Viene de llamarle madre a la madre de Dios, pero como no tenemos miedo a innovar hemos llegado a palabras como desmadre, que es lo que niega, lo que rompe con ese aspecto sagrado. Opino que el hecho de que no usemos la palabra madre con un término de tratamiento y, en su lugar, usemos sus variantes como mami, tiene que ver con la carga tan fuerte que tiene en términos de lo que conlleva en nuestra cultura, en nuestros valores, casi la dejamos como una cosa aislada, que no se puede tocar", elabora.

La profesora de la UPR, Nadjah Ríos, etnolingüista, lo vincula con los cimientos sociales. "A las madres se les atribuye la enseñanza de valores; el cimiento de las bases éticas y humanísticas que garantizan la formación de ciudadanos morales. Por eso cuando un hijo comete una gran ofensa escribe en su espalda 'Perdóname madre' ", finaliza, dejando claro que se trata de una palabra vinculada a lo más hondo de un ser humano, su punto de partida, de ahí que de ella salga todo lo bueno, lo grande, lo sorprendente e irremediablemente lo peor también.

Publicado en la edición del
8 de mayo de 2012 de *El Nuevo Día*

PAPI

Padre, papá, pai, pa, papito, papisongo, papasito, papichulin, papisón, papitongo, papisuqui... papi.

El asunto es que a los hablantes del español en Puerto Rico –y de muchos países latinoamericanos esto de "papitear " se les da muy bien. Es una de esas palabras que moldeamos en la lengua como si fuera plasticina, botamos sílabas, quitamos y ponemos sufijos y jugamos con la fonética para alterar su significado.

Así, el mismo "papito" que puede decírsele cariñosamente a un niño para darle alguna instrucción o como un gesto afectuoso, se transforma en un "papito" que escucha un amante en una situación que poco tiene que ver con la infancia o la ternura.

Un día como hoy, en el que todo el mundo tiene la palabra padre –y sus muchas ramificaciones– en la punta de la lengua, exploramos el universo lingüístico de esta manera de nombrar a los hombres de la vida y que, a su vez, está tan presente en la cultura popular. Pensemos en Miguel Bosé y su "papitour ", en el derrotado candidato a la elección presidencial en República Dominicana Hipólito Mejía cuyo eslogan de campaña era "Llegó papá" o en todos esos personajes de la farándula que han sido presentados como auténticos "papasitos".

Nos explica la profesora y lingüista Aida Vergne que "papi" es un hipocorístico, es decir, una palabra que, en forma diminutiva o infantil, se usa como designación cariñosa o familiar. Otros, de uso frecuente y aplicables a padre serían "pai" y "pa". "Papi es una palabra polisémica con una gran vitalidad en todos sus contextos de uso", observa Vergne sobre la variedad de significados que se apartan de "el que engendra". Tras una consulta rápida al *Tesoro Lexicográfico de Español de Puerto Rico*, de las doctoras María Vaquero y Amparo Morales, la lingüista nos dice que se encuentra "a ese otro 'papi' y sus variantes como 'papasito', con el sentido de concubino, o apelativo cariñoso de la mujer a su amante.

También, 'papisón', 'papasongo' y 'papitongo' con el significado de "buen mozo". Las últimas dos, explica, revelan una clara influencia africana que se refleja en las terminaciones –songo y tongo–, específicamente en las consonantes consecutivas "ng ", características de muchas lenguas del oeste de África. El Tesoro nos presenta otras palabras con la misma connotación de hombre guapo como lo son 'papichulin', 'papisón' y 'papisuqui', entre otras que han mermado en su uso. "Papi ", hasta el momento, sigue invicta y más vigente que nunca, sobre todo, por la variedad de connotaciones que provee que distan mucho de la paternidad propiamente.

"La entonación va a afectar, no importa la palabra", señala la académica y lingüista Marinés Castro. Por su parte, la lingüista Maia Sherwood Droz recuerda que en casos como el de "papi", dependerá mucho de la entonación y de las intenciones del hablante.

"Dada esta multiplicidad de usos, 'papi' es una palabra que probablemente alcanza índices altos de frecuencia en el habla cotidiana", señala. Sherwood también identifica como exclusivas de Puerto Rico las formas "papichulin", "papi – songo" y "papisón", que, recaen más en frases dichas por mujeres hacia hombres como suele suceder con "papi". Por eso llama la atención "un uso relativamente nuevo: la práctica de hombres heterosexuales de llamarse papi entre sí".

—¿Qué es la que hay, papi?

—Na ' papi, en la brega, ya tú sabes.

Otra variante de alta frecuencia es el diminutivo "papito" que suele utilizarse para referirse a un muchacho joven o a los niños como expresión de cariño. Aunque también, y por el contrario, podría usarse el "pa - pito" como una manera de atenuar un rechazo. Como sería decir: "papito, no hagas eso" o "Papito, no, no quiero eso".

"El uso del diminutivo es mucho más común en el español de América que en el español peninsular. En Puerto Rico somos bastante dados a ello", ilustra Castro y lo ejemplifica al explicar que en España preguntarían por un hombre calvo con camisa a cuadros, mientras que aquí sería, un hombre calvito con una camisa de cuadritos. "Hay una intención de salvar distancias, de suavizar la comunicación. Sucede mucho en América Latina donde somos muy atenuantes en nuestra comunicación", dice Castro.

La reacción al uso del "papito" puede ser contraria, si se recibe como un exceso de confianza. Algo que se observa sobre todo en los dependientes de negocios y su interacción con el público. "Puede llegar a molestar ", reconoce Castro.

Entonces, ¿dónde queda el padre en todo esto? "En términos de uso, el único Padre que nos queda, es el que da la misa en la iglesia, y el que –nos asegura el cura– está esperándonos en el cielo para darnos vida eterna", apunta Vergne toda vez que cita la primera de las entradas para la palabra padre que provee el *Diccionario de la Real Academia Española* que establece que se trata del "varón o macho que ha engendrado".

"Es una definición un tanto desapasionada, y que en nada apela al verdadero significado de ser papá. Sucede que los diccionarios son así, desapasionados, y es que tienen que serlo. Para la pasión tenemos a los poetas, los compositores, los escritores, no los diccionarios", dice Vergne. A esa lista, sumemos los hablantes, dueños de las palabras.

Publicado en la edición del 16 de junio de 2013 de El Nuevo Día

PUÑETA

Los casi 2,000 seguidores que tiene en Twitter la actriz y respetada personalidad del mundo de la cultura Johanna Rosaly no lo podían creer. Pues resulta que el pasado viernes, mientras muchos seguían el juego de Puerto Rico contra Estados Unidos en el Clásico Mundial de Béisbol y comentaban cada incidencia en las redes sociales, se toparon con una advertencia inesperada de la actriz. "Si ganamos, voy a tuitear la palabra que empieza con P", publicó en Twitter.

Sin duda, es una una transgresión inesperada si pensamos que se trata de una mujer a quien no solemos escuchar diciendo una palabra soez. Pero el deporte desata pasiones y tras esa contundente y significativa victoria de la novena boricua sobre la estadounidense, Rosaly, sin pudor, exclamó no una, sino tres veces en letras mayúsculas y con signos de exclamación lo que algunos han llamado un grito de guerra, una expresión de júbilo profunda o una forma de celebrar que a la vez es un alivio. En su Twitter se leyó claramente: "PUÑETA".

Lo mismo hicieron personalidades del mundo del espectáculo como Yolandita Monge y René Pérez de Calle 13, o el mismísimo exgobernador Aníbal Acevedo Vilá. Y como todo en las redes sociales, la palabra se volvió una tendencia, una bola de nieve que creció exponencialmente y en poco tiempo miles de usos del hashtag #puñeta se registraron en Twitter. El asunto se repitió en redes como Facebook e Instagram. Después de todo, es la lógica del carnaval: el festejo permite el gran paréntesis en el orden.

Así que de pronto la palabra soez, pesada y de contenido fuerte –reservada solo para ciertos contextos sociales– pasó a convertirse en una expresión colectiva de júbilo tras la victoria deportiva. En el estadio, sendos cartelones mostraban esa palabra, y cuando nuestros jugadores lograban una gran jugada o cometían algún serio error, leer sus labios no era difícil: son boricuas y dicen "puñeta". Aunque, bien es sabido que, a muchos niveles, en la sociedad puertorriqueña puñeta es una palabra fuerte. No baja suave. Incluso, en los medios de comunicación, su uso está prohibido por la Federal Communications Commission (FCC).

Sin embargo, en materia de acepciones, esta palabra ha pasado por significados como los de encaje de algunos puños o una molestia. También, adquirió en su momento el uso coloquial –acogido por el *Diccionario de la Real Academia Española de la Lengua*– de la palabra utilizada para referirse a la masturbación, o como interjección para expresar asombro o enfado. Más recientemente, el *Diccionario de Americanismos* incluye una acepción de ella que llega desde Puerto Rico: el uso de la palabra para referirse a un lugar muy lejano. Pero como siempre, el lenguaje es una espiral que no para de dar vueltas, y esa palabra continúa robusteciéndose con nuevos significados. Si eres boricua, lo sabes, y probablemente alguna vez habrás dicho "puñeta" como un insulto muy duro o como una expresión de alegría muy familiar.

Si durarán o no dichas acepciones, eso está por verse, pero lo que es innegable es que es indiscutiblemente la palabra del momento. Ahora bien, ¿qué diría una lingüista de todo esto? ¿Qué dice la Academia Puertorriqueña de la Lengua?

"No hay tal cosa como una mala palabra ni en lingüística ni en literatura. Lo que hay es un contexto dado en el que, en un momento, esa palabra puede desagradar por razones culturales, casi siempre aquellas que están asociadas a la genitalia", expone el poeta y director de la Academia Puertorriqueña de la Lengua, José Luis Vega.

El contexto, explica, es vital, pues no es lo mismo decir "paupérrimo" en un cafetín –algo que claramente sonaría insultante– a decirlo en un elegante salón. Igualmente, nadie esperaría escuchar a un cura gritar un "¡puñeta!" en pleno púlpito.

"Suelen ser palabras muy gráficas. Casi todas, en su origen, suelen tener un carácter popular festivo. Son los prejuicios de la sociedad oficial los que las van prohibiendo y marcando como malsonantes o de mal gusto", analiza el académico, quien observa que palabras como puñeta recobran en manos del pueblo y la juventud nuevos sentidos que las alejan del tabú. "Se comprueba una vez más que el lenguaje es dinámico", señala Vega, quien espera que desde la Academia se comience a trabajar con el amplio registro escrito de la palabra en las redes sociales, de manera que quede documentada en la base de datos que trabajan y que han bautizado con cariño como "puertorriqueñismos realengos".

"En mi percepción, tiene una carga más hostil y violenta que otras palabras también consideradas vulgares", aporta la lingüista Maia Sherwood, para quien el hecho de que la estemos discutiendo evidencia que "ha habido una transgresión en el contexto de uso que, como sociedad, consideramos estándar para esta expresión... Los hablantes buscan continuamente una mayor expresividad, es decir, maneras frescas y noveles que transmitan sus emociones, especialmente sus emociones extremas. La carga emotiva de las palabras se va desgastando, así que los hablantes –especialmente los jóvenes– siempre buscan una expresión nueva y provocadora", elabora Sherwood, toda vez que ejemplifica fenómenos similares en palabras como bárbaro, brutal, bestial, cabrón y, más recientemente, bellaco, que, en su momento –y en ocasiones–, tienen una connotación extremamente negativa, pero han pasado a significar algo extremamente positivo.

"En el caso de puñeta, percibo que en el Clásico de Béisbol tiene una carga de reivindicación. Expresa un reclamo de que haya algún triunfo, alguna justicia para el pueblo de Puerto Rico a través del deporte. No es lo mismo decir: '¡Ganamos, qué bueno!', que '¡Ganamos, puñeta!'. Hay una gran descarga emotiva que nace de una gran frustración o de un gran esfuerzo", reflexiona.

Ambos estudiosos de la lengua coinciden, por otro lado, en que antes de que el diccionario documente nuevas acepciones es necesario constatar que no se trate de una moda, un uso pasajero de la palabra con ese significado.

"El uso sostenido en la comunidad es lo que está por verse", señalan. Ahora bien, independientemente de lo que suceda con su uso, lo cierto es que después de este evento la palabra carga consigo la marca de un momento que la ha hecho cada día más densa, más nuestra.

Publicado en la edición del
20 de marzo de 2013 de *El Nuevo Día*

CRISIS

Pareciera que en la vida siempre estamos buscando las palabras precisas. Las que expliquen de veras, las que comuniquen la idea exacta que tenemos en la cabeza. A veces nos faltan palabras, y otras tantas, por ser tan precisas y usarlas tanto, se agotan, se desgastan, ya no dicen tanto como decían.

Es una de las enseñanzas más feroces que suele darse en los talleres de escritura creativa. "No lo diga, muéstrelo". "No diga: te amo con mi corazón. Más bien explique qué efecto tiene en su cuerpo ese amor". "No hable del alma a menos que quiera sonar como tarjeta de Hallmark". En fin, sobran los consejos y las recomendaciones que se centran en la idea de que hay palabras que se desgastan con el tiempo y que de tanto usarse y comunicar, terminan por no comunicar nada. Le pasa también a los símbolos, pensemos en la rosa o en la luna. Y claro que es posible reivindicarlos, pero para ello hace falta artificio, maña y un uso aguerrido del lenguaje.

En Puerto Rico, y me atrevería a decir que en muchos otros lugares, puede verse este fenómeno con una de las palabras que más leemos y escuchamos en los medios de comunicación. Incluso, se ha convertido en la respuesta casi obligada ante cualquier pregunta. ¿Por qué pasa tal cosa o tal otra? Sólo hay una respuesta: Por la crisis.

Decimos crisis casi al menos una vez al día, la leemos y la escuchamos muchas más. Y si bien se trata de una palabra que ciertamente funciona para describir muchas de las cosas que vivimos a diario: crisis de seguridad, crisis en la política, crisis de salud, crisis en la educación, crisis administrativa y un largo etcétera; lo cierto es que pocas cosas agotan más que la repetición. Y cuando las cosas dejan de significar, somos incapaces de entender las dimensiones de los problemas. Si decir crisis educativa ya no nos espanta, no nos asusta, ni nos preocupa porque se ha vuelto algo "normal", estamos en graves problemas. Nombrar incluso las crisis de manera precisa, es un paso clave para comenzar a encontrarle soluciones.

En conversación con la lingüista Maia Sherwood exploramos la etimología de la palabra. Para empezar, crisis se deriva del griego krísis (decisión), del verbo kríno (yo decido, separo, juzgo) y tiene como palabras derivadas: crítico (tanto en el "punto crítico", que tiene el sentido de "crisis", como en "pensamiento crítico", que tiene el sentido de "juicio").

De manera que desde el origen mismo de la palabra queda claro que se trata de una situación determinante. Algo cambia con una crisis, hay un antes y un después, pero sobre todo hay un proceso que atravesar que no necesariamente deriva en la tragedia.

Luego, Sherwood pasó revista por la evolución de las acepciones de la palabra en los diccionarios de la Real Academia Española de la Lengua. Repasemos pues:

a. Primera definición que ofrece la RAE (1729):

– crisis – Juicio que se hace sobre alguna cosa, en fuerza de lo que se ha observado y reconocido acerca de ella.

b. Introducción de un segundo sentido (1780):

– crisis – Mutación considerable que acaece en alguna enfermedad, ya sea para mejorarse o para agravarse más el enfermo.

c. En 1852, introducción de una extensión al sentido de "mutación considerable":

> – crisis – Por extensión, se dice del momento decisivo de un negocio grave y de consecuencias importantes.

d. En 1899, se añade la frase crisis ministerial:

> – crisis ministerial: Situación de un ministerio cuando todos o parte de sus individuos pretenden abandonar sus puestos por hallarse en disidencia entre sí o con el jefe de estado.

e. En el 1970, se añade:

> – crisis – [...] 1. Mutación importante en el desarrollo de otros procesos, ya de orden físico, ya históricos o espirituales. // 2. Situación de un asunto o proceso, cuando está en duda la continuación, modificación o cese.

f. En el 1983, entra el sentido más general:

> – Por extensión, situación dificultosa o complicada. En lenguaje corriente, cambio total o parcial de un gobierno. Mala situación económica de alguien.

g. En el 1984 se añade:

> – Escasez, carestía

h. En 1989 se añade la frase crisis económica:

> – crisis económica: Ruptura del equilibrio entre la oferta y la demanda de bienes y servicios, que genera una fase depresiva de la coyuntura económica.

i. Definición actual en el DRAE (2014):

crisis.

(Del lat. crisis, y este del gr. κρισις).

1. f. Cambio brusco en el curso de una enfermedad, ya sea para mejorarse, ya para agravarse el paciente.

2. f. Mutación importante en el desarrollo de otros procesos, ya de orden físico, ya históricos o espirituales.

3. f. Situación de un asunto o proceso cuando está en duda la continuación, modificación o cese.

4. f. Momento decisivo de un negocio grave y de consecuencias importantes.

5. f. Juicio que se hace de algo después de haberlo examinado cuidadosamente.

6. f. Escasez, carestía.

7. f. Situación dificultosa o complicada.

crisis ministerial.

1. f. Situación en que se encuentra un ministerio desde el momento en que uno o varios de sus individuos han presentado la dimisión de sus cargos, hasta aquel en que se nombran las personas que han de sustituirlos.

gabinete de crisis.

1. m. gabinete constituido por altos cargos del Gobierno para afrontar una situación excepcional.

Esta evolución y llamémosle robustecimiento del contenido semántico de la palabra, explica la lingüista, no se debe necesariamente al uso constante y popular de la palabra. Más bien se trata del proceso natural de las palabras a partir del uso y del paso del tiempo. "El sentido se va ajustando y aplicando a diferentes fenómenos en la sociedad", apunta toda vez que detalla que es posible que sí suceda que a mayor uso, mayor definición.

En el caso de crisis, "las primeras definiciones conducen a pasar juicio y habría que preguntarse si ¿queda algo de eso en las acepciones más contemporáneas? La primera definición de lo crítico, tenía que ver con la enfermedad, con un punto culminante. Llegar al punto de crisis, a lo decisivo. Esa idea se empieza a aplicar a ámbitos más amplios. De manera que la evolución semántica es hacia una ampliación del sentido", elabora Sherwood.

Entonces, de enfermedad vemos una transición hacia la idea del momento decisivio y al llegar a la década del 70 se observa "una mutación importante en el desarrollo de otros procesos".

"El significado original es más específico. Mientras menos específico a más cosas aplica", explica.

Ya en la década del 80 la definición es mucho más cercana a la que utilizamos en el tiempo presente. "Ha ganado otro ajuste semántico. Ha pasado del momento de transición a también poder expresar una situación dificultosa, complicada", abunda la lingüista para quien si bien el diccionario recoge la manera en que utilizamos la palabra hoy día, no deja de ser cierto que hay una insistencia en la noción de crisis como una situación sin solución.

"Con la palabra crisis estamos englobando una realidad multifacética que lo que nos comunica es dificultad. No tenemos memoria de la crisis como ese momento culminante del cual lo mismo puede salir algo bueno que malo".

En el caso de crisis podría aplicar el fenómeno denominado: "saturación semántica" en el cual la repetición excesiva de la palabra la lleva a que en ocasiones la misma palabra parezca un absurdo y se desconecte la palabra del sentido. A eso también se le conoce como "desgaste semántico". Otro fenómeno que podría aplicar es la desemantización, que "se usa para describir la pérdida de un sentido léxico, por repetición, para dar paso a un sentido gramatical". Como sucede en casos como 'haber' que antes significaba 'tener' y que hoy día es un verbo auxiliar.

Sherwood, en su análisis de los datos lexicográficos, opta por el primero en el caso de la palabra crisis. "La repetición, al ser tan excesiva, nos hace perder el contacto. Si tuviéramos conciencia del significado podríamos pensar que es un momento de decisión donde hay muchos posibles rumbos o caminos, pero en el momento actual ha habido un desgaste... Ciertamente crisis en nuestro discurso tiene una connotación negativa, o sea que esa idea del momento decisivo la hemos olvidado y más bien tomamos la crisis como un estado casi definitivo".

Al mirar por ejemplo hacia los Estados Unidos, se observa que algo similar ocurre con palabras como terrorismo y terror. "Son palabras que también están en uso con una frecuencia altísima y tienen un desgaste porque el impacto de lo que significa terror se hace más liviano pero a la vez la omnipresencia de la palabra incluye un estresor en la psiquis colectiva", analiza.

Entonces, ¿de qué hablamos cuándo hablamos de crisis? ¿Qué significan verdaderamente todos esos apellidos que le atribuimos: crisis alimentaria, crisis emocional, etcétera? Valdría la pena recordar las viejas acepciones y al hablar de crisis también hablar de movimiento, de cómo salir de ella, de que decir crisis no siempre ha de significar un estado que lo define todo y que no resuelve nada. Usar la palabra cuando amerite, que se nos gasta y después no dice nada y terminamos por entender eso: nada. En fin, cosas del diccionario. Cosas de ser quienes definamos y no siempre dejarnos definir. Después de todo el lenguaje es del hablante, él lo usa, lo moldea, como la gran plasticina viva que es.

Publicado en la edición del 23 de noviembre
de 2014 de la revista digital *Lapicero Verde*

AMAR

Aceptémoslo. El español es un idioma dramático. Si las palabras fueran a color, tendríamos tonalidades de sobra para nombrar las tantas gradaciones y matices de las muchas formas de expresar lo que se siente cuando se quiere, cuando se ama, cuando se adora al ser humano culpable de nuestro mariposeo estomacal.

En español, sabemos bien, que decir te adoro no es lo mismo que decir te quiero, que amar es un asunto más serio –quizás incluso– más visceral, de mayor compromiso que el querer. El verbo amar, nos recuerda el diccionario, remite a la idea de sentir amor por alguien o por algo, incluso se acerca al verbo desear. Querer es un asunto semántico más cercano a la posesión, lo que quieres lo deseas, te apetece y ya como segunda acepción nos remite al amar, al sentir cariño. Si pensamos en adorar, la cosa se vuelve ante todo sagrada y reverencial, y apenas la cuarta acepción habla de "amar algo con extremo".

Entonces, así, una palabra lleva a la otra y cuando uno se da cuenta, la idea del amor que culturalmente hemos construido –con todas sus herencias y actualizaciones– está rodeada de palabras que se pisan los talones. Pero ninguna significa lo mismo que la otra. De manera que en español 'amar' puede que sea un asunto de diversidad.

Y si se piensa en el inglés, el idioma que más cercano tenemos como referencia, el contraste no puede ser mayor. ¿Cuántas veces algún hablante del español como lengua materna no se habrá preguntado el nivel de intensidad de un I love you? ¿Me quiere o me ama? ¿Acaso me adora? ¿Qué quiso decir?

Y esas preguntas son apenas la punta del iceberg, porque bajo todo ello están algunas de las preguntas que multiplicidad de disciplinas del saber se han planteado, con resultados diametralmente opuestos. Pues, si es el idioma nuestro primer gran filtro para el mundo, si las cosas existen en nuestro universo conocido porque somos capaces de nombrarlas, entonces, ¿cambia el amor de acuerdo al idioma?

"Sí, pero más que el idioma yo diría que el lenguaje, porque no importa el idioma que sea, el lenguaje siempre es insuficiente para transmitir la experiencia amorosa. Las palabras no nos dan. Es una experiencia demasiado grande que trata de pasar por un embudo muy pequeño", argumenta el psicoanalista Alfredo Carrasquillo quien recuerda que, ante todo, el amor es una experiencia que tiene todo que ver con los sentidos. "Y lo que pasa es que el lenguaje permite darle sentido a esa experiencia, de otra manera queda desordenada", abunda.

"Con el idioma viene una experiencia cultural que lo acompaña, que hace que usemos el cuerpo de una manera particular. El español, por ejemplo, es mucho más rico en variedad que el inglés, donde hay una sola expresión. Es como la tabla de colores, donde yo veo un verde los pintores ven 15 o 30 tonos distintos", ejemplifica toda vez que cita al psicoanalista francés Jacques Lacan quien decía que "la función del lenguaje no es comunicar sino evocar".

"Es que algo nos hace sentido porque evoca otra cosa, en el amor, las cosas que nos decimos evocan experiencias porque la expresión de la persona amada nos conmueve, nos erotiza", dice Carrasquillo quien sí considera que el idioma que hablamos incide en la manera en que experimentamos el amor. "Son experiencias condicionadas por el lenguaje, como con qué rapidez o lentitud llega cierta intensidad o cómo ciertas intensidades nos asustan por lo rápido que llegan", reflexiona.

amar.
    (Del lat. amare).
    1. tr. Tener amor a alguien o algo.
    2. tr. desus. desear.

El tema es uno de esos asuntos seductores y complejos dentro de la disciplina de la traducción.

"Es interesante la gradación de querer y amar. Hay una distinción. Incluso por ejemplo en España, donde siempre se usa te quiero, el te amo se usa muy poco... Hay una gradación que te obliga a revelarte porque es más definitorio. Al decirme que me quieres, de alguna manera me estás diciendo también que no me amas y eso es una señal", observa el poeta y traductor Alejandro Álvarez Nieves para quien el preámbulo o el *foreplay* amatorio verbal del español es más largo, más intenso. "Sí, el idioma incide en nuestra capacidad para definir un sentimiento. Se pensaba que era algo amorfo e indescriptible y que el lenguaje traducía eso, pero en las últimas teorías, no podemos pensar algo sin el lenguaje, se puede aprender a amar en el idioma", abunda.

A la hora de llevar una experiencia como esa a otro idioma basta ser consciente de lo que implica una traducción. "Por definición pierde porque no estás emitiendo desde el mismo lugar. No es una reescritura, ni una imitación, calco o fotocopia. Todo traductor sabe que nunca va a quedar igual. Quizás para definir qué tipo de love, haga falta un adjetivo", elabora Álvarez Nieves, profesor de traducción en el sistema UPR.

querer.

(Del lat. quaerere, tratar de obtener).

1. tr. Desear o apetecer.

2. tr. Amar, tener cariño, voluntad o inclinación a alguien o algo.

3. tr. Tener voluntad o determinación de ejecutar algo.

En una vertiente opuesta a este análisis se posiciona el director de la Academia Puertorriqueña de la Lengua y poeta, José Luis Vega. A su juicio, no se trata de que el idioma provoque la pluralidad en la expresividad en torno al amor sino que "en mi opinión, es nuestra manera de ser, el carácter latino que heredamos lo que implica una expresividad muy particular que se refleja en el idioma".

"No es que el idioma lo provoque sino que la cultura, nuestro temperamento lo provoca", afirma y recuerda que la cultura y el idioma son elementos simbióticos.

"Hay toda una tradición, es la idea platónica del amor la que engendra la poesía trovadoresca. En los libros de caballería hay toda una tradición de idealización y exaltación del sentimiento amoroso que llega hasta nuestros días tanto en un bolero como en una bachata. Sobran los referentes filosóficos y literarios y eso llega a la cultura popular", expone Vega quien considera que es a eso a lo que se acomoda el idioma. "Yo no parto del principio de que el idioma suscita cierto tipo de actitud o estructura que permite decir unas cosas y otras no, son las culturas, los pueblos, los hablantes".

adorar.

(Del lat. adorare).

1. tr. Reverenciar con sumo honor o respeto a un ser, considerándolo como cosa divina.

2. tr. Reverenciar y honrar a Dios con el culto religioso que le es debido.

Curiosamente, los expertos consultados recurrieron en distintos momentos al mismo ejemplo tomado del portugués. Se trata del vocablo "saudade" que alude a un sentimiento cercano a la melancolía que llega con la distancia de tiempo o espacio de la persona amada pero que a su vez no es ni nostalgia, ni del todo melancolía, es un poco añoranza o más o menos una soledad entre alegre y triste. Quizás la definición más precisa viene de la literatura. El escritor portugués Manuel de Melo la definió en alguna ocasión como un estado de ánimo que es un "bem que se padeçe y mal de que se gosta" (un bien que se padece y un mal que se disfruta).

Entonces, ¿sentimos "saudade" en español? ¿O esa sensación se diluye porque somos incapaces de apalabrarla?

Pasa igual con el amor, ¿amamos con más niveles de intensidad, con más volúmenes para el amor que en inglés? ¿O es el inglés una lengua más total porque se entrega todo de la primera, en una sola palabra? ¿Amamos distinto de acuerdo al idioma?

Preguntas abiertas para el embudo de la palabra.

Publicado en la edición del
14 de febrero de 2014 de *El Nuevo Día*

VII

Vanidades

NO ME ODIES POR SER BONITA

Todo pueblo necesita tres tipos de persona. Los que se van y vuelven, porque su salida provoca en los que se quedan la noción de que el mundo es más grande, de que irse es una opción y su regreso altera el orden de las cosas; llegan con nuevas ideas, son un contagio de vida, de mundo. También hacen falta los que se van y nunca regresan, porque el vacío que dejan en los pueblos generan nuevos encuentros, su espacio es ocupado, se crean nuevas relaciones y se es consciente de que tener raíz y cortarla termina siendo para bien o para mal decisión de cada cual. Y por último necesitan gente que nunca se vaya, gente que mantenga la memoria histórica, la memoria oral, el cimiento del espacio, gente a la cual volver porque regresar a un espacio vacío termina siendo siempre un ejercicio a medias. Volver tiene tanto que ver con encontrarse.

Siempre he sentido que soy de los primeros. Me gusta irme con la certeza del regreso, aunque sea un regreso breve o atropellado, pero regreso al fin. Como muchos estudiantes jóvenes en Puerto Rico a la hora de buscar un destino académico para proseguir estudios graduados había tres focos principales a los cuales mirar. Por un lado Estados Unidos, a donde se va la mayoría y referencia cultural de una buena tajada de las generaciones más jóvenes en

Puerto Rico. Por el otro estaba España, la madrastra patria, país dueño de esa lengua que hablamos y que, como han dicho ya tantos escritores y lingüistas, se hizo español en América. Y finalmente, América Latina, mirar al sur, a Centroamérica, buscar esa sintonía de experiencias compartidas que surgen naturalmente con este bloque de países al que pertenecemos culturalmente pero del cual estamos excluidos en tantos asuntos.

Basta poner un ejemplo, a la hora de llenar becas nos volvemos estadounidenses. Pero no hacemos más que llenar las solicitudes como gringos y no aparece ni por los centros espiritistas un encasillado donde Puerto Rico sea estado. Hay veces que aparecemos como estado, otras como país y otras como las dos y termina una por no entender cuál es la apropiada, cuál se debe poner. El punto es que por lo general, no cualificamos para becas para latinoamericanos, y como gringos, digamos que, no nos va tan bien tampoco al no ser un estado propiamente.

Alguna vez le llamaron lo mejor de los dos mundos a este estatus de Estado Libre Asociado, estar aquí y allá, todo a la vez. Pero no hace falta ponerse metafísico para confirmar que estar en dos sitios a la vez siempre es estar a medias y vivir una vida a medias, es sentir que nunca se llega y en todos los aspectos de la vida no llegar es quitarles sentido a los caminos. Dirán que lo importante es el viaje, pero un viaje sin destino es una inercia de los sueños.

Luego de ponderar todo, curiosa e inesperadamente, conseguí mi propio estado libre asociado de las maestrías. No lo hice adrede, así pasó pero hoy la verdad me río de cómo termina una siempre siendo del lugar de donde se viene. Escogí una maestría en literatura de la Universidad de Nueva York en su campus en Madrid. Allí viví, estudié e hice caminos. Presenté una tesis que reunía también dos pasiones: el periodismo y la literatura. Analicé el lenguaje periodístico de temas bélicos contrapuesto a las principales épicas medievales. Un poco preguntándome si era posible hablar de un modo distinto de la guerra, si de veras el vocabulario y la narrativa nos proveían el espacio necesario para hablar de otro modo del horror.

Leí como nunca, caminé como nunca, viajé como nunca. Fui profundamente feliz y viceversa. Pero en España una puertorriqueña, por su pasaporte azul, consigue trabajo cómodamente como maestra de inglés y digamos que nunca fue una pasión enseñar esa lengua ajena.

Así las cosas regresé a Puerto Rico y aunque siempre quise ser de esos que regresan, volver a esta isla después de haber recorrido Europa, el norte de África y decenas de ciudades en España fue como ponerse un zapato ajustadísimo. Es una cosa muy de la juventud eso de no entender las dimensiones o de creer que el espacio tiene algo que ver con el contenido.

El asunto es que adaptarme fue complicado, no soportaba tener que ir en carro a todas partes, ir a un supermercado y ver que en lugar de un rostro conocido que me vendiera queso había cajas y cajas registradoras ocupadas por extraños. Traumático fue ver la cantidad de opciones de mayonesa disponibles y reencontrarme con que los melocotones y los tomates ya no sabían jugosos y dulzones. Me resistí al espacio conocido, no con soberbia, sino con ignorancia.

Recuerdo un día que venía furiosa por alguna cosa que ya no recuerdo y que naturalmente no importa, iba guiando hacia el Viejo San Juan, recién atravesaba la playa del Escambrón poco antes de pasar frente al Capitolio. Atardecía y el cielo tenía sus prácticamente habituales tonos de naranjas y rosas. Creo que hay que hacer el compromiso humano de ver o la salida o la puesta del sol en un día. Prefiero la segunda, no sólo porque madrugar me da un trabajo terrible, sino porque me conmueve más la despedida de la belleza, el decir adiós de la luz. Lo que venga después de eso siempre será un misterio oscuro y a veces lunático.

Entonces iba conduciendo, rabiando contra el país, frustrada y todos los etcéteras, cuando de repente observo en el mar un montón de delfines saltando en el agua. Se veían alegres, libres, juguetones, casi volando por sobre el agua que ese día estaba particularmente cristalina. El agua era un juego de transparencias y reflejos del atardecer interrumpido solo por esos animales que parecen siempre felices entrando y saliendo de las aguas del Atlántico.

En ese instante comprendí tanto del país. Recordé la vez que fui a escribir una crónica sobre Cueva Escondida en Utuado y descubrí –luego de caminar largo rato agachada o de literalmente serpentear dentro de la tierra como un reptil– que esta isla incluso en sus entrañas esconde una belleza irrepetible. Me sucedió lo mismo cuando bajé al Cañón de San Cristóbal o cuando me bañé por primera vez en una de las bahías bioluminiscentes, o cuando supe que el cielo era un colador de luz en Culebra o en Vieques, cuando sentí que me había muerto y eso era el paraíso en la playa Flamenco, cuando fui sola a Caja de Muertos a pasar el día comiendo frutas y viendo mis pies dentro del agua de tanta transparencia… podría seguir, los paisajes no acaban y son tan distintos en tan poco espacio, tanta diversidad y sorpresa en tan minúsculo territorio.

Entonces, será el crecer como dicen, o el paso del tiempo, pero la verdad es que fui aprendiendo a medir mejor las dimensiones, entendí que hay universos de millas y bellezas en una franja de mar.

Pero sobre todo entendí que esta isla está enferma de vanidad. Y es muy difícil que no sea así. Hay una crisis, falta dinero. Vaya y mire el mar. Hay una enfermedad, nos va mal en cualquier cosa. Déjese abrazar por la falda de una montaña, mire la sombra de las nubes sobre ellas y sepa que todo estará bien. Estamos podridos por dentro, no pasa nada, aún somos hermosos.

Hay quienes dicen que para sobrevivir en la vida hace falta al menos una pizca de vanidad. Quizás sea cierto, pero también la belleza –toda belleza– es pasajera o al menos se transforma y sobre todo no hay belleza sin sombra y no mirarla, no enfrentarla, no asumirla es vivir de espaldas a esa noche que llega, que siempre llega. Es el justo orden de las cosas.

1 de mayo de 2012

ELLAS

La noche en que Dayanara Torres se coronó como la nueva Miss Universo en el 1993, mi mamá me levantó de la cama para que presenciara el momento. Alcancé a ver una muchacha llorosa, vestida de blanco que cargaba flores y llevaba una corona enorme, y que con mucho esfuerzo saludaba con una de sus manos. No parecía muy contenta, tenía el rostro de lo que diría mi abuela una mujer arresmillá.

Entonces tenía nueve años y supuse que había pasado algo importante porque al otro día en los periódicos aparecieron pósters de la reina, páginas y páginas de relatos sobre su vida y el certamen, y en la televisión anunciaban un junte sin precedentes de todos los canales que se unirían en cadena para el gran recibimiento.

También recuerdo la transmisión en vivo desde el aeropuerto. Reporteros de todos los canales comentaban cada detalle y cuando llegó la reina la pasearon en caravana por San Juan. Hasta ahí llega la memoria, pero quedó fijo en mi mente de niña que eso de ser reina era algo importante, paralizaba al país, hacía que competidores fueran amigos y de pronto todo el mundo estaba de lo más contento.

Desde siempre había visto los certámenes de belleza. Eran como una experiencia anual obligada en cada caso.

En la escuela, incluso, las niñas jugábamos con diademas a coronarnos las unas a las otras y estoy casi segura de que alguna vez frente al espejo que está en la entrada de la casa de mi madre habré desfilado con un torpe e infantil, pero my entusiasta, mano codo. Y claro está, con la necesaria sábana para simular algún vestido de gala con cola. Antes de jugar a mamá y papá, a novia o a cualquiera de esas cosas que se insertan en la mente de tantas niñas desde temprano, jugábamos a ser reinas. Después de todo tener una corona siempre parecía ser algo de lo más importante.

Con el tiempo perdí, naturalmente, interés en esos asuntos. Aunque nunca dejé de ver esporádicamente alguno de los concursos con mi madre o alguna amiga. En parte por una mezcla de morbo y costumbre, y por otro lado por un deseo serio de entender a fondo por qué es que era algo tan importante en Puerto Rico, cuando en la mayoría de los países tiene un interés menor.

Si bien la respuesta es obvia y la pregunta es inocente, había algo más y verlo era confirmarlo más allá de la lógica y la intuición.

Hay muy pocos espacios en los que la bandera ondea sola, hay muy pocos escenarios en los que alcanzamos la adultez nacional –al menos en cuestiones "oficiales". Una ocurre cada cuatro años en las Olimpiadas desde que en el 1948 se nos permitió participar como país y desfilar con bandera y toda la cosa. Tanta fue la emoción y el esfuerzo que en el 1984 se envió una delegación, hasta para las Olimpiadas de Invierno e incluso recuerdo de niña las campañas que promovían el sueño de un país: ser la sede las Olimpiadas en el 2004.

No se volvió a participar en las Olimpiadas de Invierno y ni hablar de una candidatura olímpica, sin embargo, cuando llega esa cita deportiva la isla se paraliza para ver desfilar la delegación. Por un instante en la televisión somos un país como los demás. Andamos solos, guiamos el carro aunque la licencia todavía sea de aprendizaje de manera por demás simbólica.

La otra instancia siempre ha sido la cultura, aunque la isla no disfrute de la llamada soberanía cultural reconocida por la UNESCO, salvo por su reciente incursión al Instituto Internacional del Teatro. Cantante boricua que se precie lleva la monoestrellada y se presenta como puertorriqueño donde quiera que ande.

Y finalmente, están los concursos, un espacio de competencia internacional en el que Puerto Rico ha sido reconocido por revistas y blogs especializados como una potencia. Y como deberá imaginar, las palabras Puerto Rico y potencia no suelen ser utilizadas en la misma oración.

A esto se suma el asunto de la autoestima nacional (porque sí, pese a todo somos nación y aunque nunca faltan debates en ese sentido, el tema la verdad ya está bastante resuelto en la cabeza de la mayoría que sabe que tiene una identidad y punto). No es lo mismo ser el mejor, que además ser la cuna de la mujer más bella del universo. Ahí se cruzan todos los mitos del deseo.

Y si se trata de mitos, en el mundo de las misses se cruzan muchos más. Por un lado está la teatralidad del evento y del hecho de que en este pedazo de mundo no tenemos tradición de monarquías. De ahí que una coronación y una reina anual sea lo más cercano a cierto tipo de realeza. Por el otro, está el mito que nos llega de la cultura estadounidense, esa noción del "self made man" y el "self made woman". Esa idea del "be all that you can be", tan absolutamente falsa pero tan absolutamente exitosa para reclutar soldados. Porque venga acá, mido 5 pies, tengo 30 años y nunca he jugado baloncesto y resulta que deseo ser jugadora de la NBA en los próximos años... hablemos de imposibles y de sueños alcanzables.

Pero, en fin, dentro de los concursos de belleza convergen todas esas nociones del éxito individual y colectivo, de la disciplina como base de los resultados favorables, del imaginario de la princesa que alcanza el sueño y vive su propio cuento de hadas (si la joven es de familia pobre y llega a la corona contra todo pronóstico será mucho mejor) y sobre todo, en el caso de Puerto Rico, está el tema de la identidad y la fantasía.

Habría que ser demasiado cínico para restarle valor simbólico al hecho de que Marisol Malaret, nuestra primera Miss Universo en el 1970 le ganó a la candidata estadounidense o que Deborah Carthy Deu, nuestra segunda Miss Universo en el 1985, le ganó a la candidata de España.

En los concursos de belleza se vive la ilusión de que somos un país –como todos los demás– sobre el escenario o sobre la cancha, porque al día de hoy todavía se ondea la camiseta del equipo de Puerto Rico del mismo modo que el baloncelista Carlos Arroyo lo hizo en el histórico triunfo de nuestro equipo sobre el de Estados Unidos en las Olimpiadas del 2004 en Atenas.

Son espacios lúdicos, son espacios de disciplina, son espacios de esfuerzo y de competencia. Y sí, particularmente en el caso de los concursos de belleza, no se puede obviar todo el tema del sexismo imperante, el imaginario de belleza que construyen y sus efectos nefastos en la salud o incluso la maquinaria económica que los sostiene y que ha llevado a que hoy día países como Venezuela o Brasil sean considerados productores de reinas. Así, sin más, llevando a la mujer al bajo e indigno nivel de objeto y convirtiendo las candidatas en mercancía diseñada y ensamblada para el paso final del mercado que es la corona. Todo eso es cierto y tiene dimensiones complejas. Del mismo modo, podríamos hablar de las dimensiones económicas del deporte y las variables existentes en el desarrollo óptimo de los atletas.

Sin embargo, es innegable que en el caso de Puerto Rico, hay unas dimensiones políticas importantes en estos espectáculos de entretenimiento. O lo que es lo mismo, ¿por qué se paraliza el país si gana una reina? Porque sí, sea triste, sea inconsecuente, o sea lo que sea, cuando gana una Miss en esta isla –guste o no– ha pasado algo importante.

20 de mayo de 2012

LA ISLA DE LAS REINAS

Dejémonos de cosas, aquí todo el mundo sabe ondear la mano con los dedos apretados en perfecto ritmo de mano codo, mano codo.

Puede que a algunos les parezca la trivialidad más grande, otros pensarán que no hay entretenimiento mayor y habrá incluso quienes se vivan cada certamen con mayor interés y seriedad que si se tratase de la elección general. Como siempre, están los indiferentes, aunque la verdad, lograr mantenerse al margen es bastante difícil, sobre todo cuando las reinas de belleza antes, durante y después de sus reinados son fuente inagotable de historias que la prensa de todo tipo se regodea en documentar.

Para muestra basta pensar en la portada que *El Nuevo Día* dedicó a nuestra primera Miss Universo, Marisol Malaret en el 1970. Desde entonces, el triunfo de una reina boricua en un certamen internacional es portada obligada en los diarios del país, noticia principal en la radio y la televisión y tema protagónico en las redes sociales.

Un concurso es un evento. Son muchas las familias y grupos de amistades que se reúnen a ver el certamen de turno, armados de bolígrafos y libretas para ir anotando sus puntuaciones, jugando a ser jueces, profetizando el desenlace. Se discute con precisión científica la calidad de la tafeta o la lentejuela, el ángulo de la caída de alguna en las ingratas escaleras de los escenarios, se busca con insistencia el asomo de celulitis, se adivina quién tiene siliconas nuevas y narices operadas, se analizan las respuestas a las preguntas (si son malas automáticamente serán un fenómeno web), se celebra el triunfo o se critica con los argumentos más fieros. Al otro día comienza la fase de aceptación, la mayoría empieza a quererla, se olvida el pueblo de procedencia y se acepta como la nueva Miss Puerto Rico. Más adelante, el Miss Mundo o el Miss Universo se vivirán como un rito semejante, solo que con el sabor exótico de comentar sobre candidatas internacionales con trajes típicos llenos de plumas y alambres inimaginables. El año siguiente comenzará el rito otra vez.

Otra señal de la presencia de los certámenes en nuestra cultura es la existencia de un amplio y especializado circuito económico alrededor de estos eventos que, además, cuentan con sus especialistas, los famosos misiólogos que dedican largas horas de sus días a especializarse y a conocer cada detalle sobre lo que llaman "la historia de la belleza en Puerto Rico". Hay promotores de reinas, estilistas especializados, doctores predilectos, diseñadores de moda, en fin, una industria.

Ahora bien, sabemos que esto es así, pero ¿qué dice sobre una sociedad esta fascinación?

"Tiene que ver mucho con nuestra idiosincracia cultural y política. Nuestros deportistas y reinas de belleza son los balaustres del nacionalismo cultural", afirma el experto en medios y estudios culturales Manuel Avilés quien ha estudiado el tema de las reinas de belleza como lo hizo con su ponencia "Corona a la venta" presentada en LASA 2010 (Latin American Studies Association International Congress) en Canadá.

Avilés destaca que es en eventos como estos en donde el país tiene la oportunidad de "vivir la ilusión de que somos un estado nación que compite de tú a tú con naciones que fueron imperios sobre nosotros. Nadie olvida el triunfo de Deborah Carthy Deu sobre España o el de Marisol Malaret sobre Estados Unidos. Somos una nación sobre el escenario".

A ese elemento añade que en la isla hay un sentido de lealtad al concurso como legado histórico, "la gente recuerda la época de Ana Santiesteban, recuerdan cuando Luis Vigoreaux animaba el certamen". Y es que, como bien señala, se trata de un evento mediático que ha sobrevivido en la televisión a través de los años y a pesar de los cambios que esta ha atravesado.

No hay que ser un antropólogo consumado para afirmar con conocimiento de causa que al ser humano le gusta la competencia. En la historia humana las hay, las ha habido y las habrá de todo tipo. En la televisión contemporánea impera la competencia. Se compite cantando, bailando, diseñando, modelando, cocinando, en deportes, en fin, la competencia y el espectáculo van de la mano. Por eso no es de extrañar que un certamen de belleza, en cuya ecuación se añade la presencia de mujeres hermosas y una buena dosis de moda, el éxito sea una garantía.

"Hay un impulso humano de concursar, de llegar a metas que forman parte de la idea del *self made man* y *self made woman*", observa la catedrádica de la Escuela de Comunicación de la Universidad e Puerto Rico Silvia Álvarez Curbelo quien también abordó el tema en LASA 2010 con una ponencia basada en el caso de la reina Zuleyka Rivera titulada: "De la parcela a la pasarela".

La teatralidad también es importante. "Ese referente está ahí en mitologías muy antiguas; la princesa que llega a la corona", añade acerca de los imaginarios sociales que hoy día están atravesados por consideraciones menos ingenuas y más cercanas a la belleza intervenida y a la imagen que más pueda venderse a escala global. Algo así como el fin de la inocencia.

Álvarez Curbelo recuerda, de otra parte, que la tradición de los concursos de belleza tiene raíces en la isla con experiencias como la selección de la Reina del Carnaval a principios del siglo pasado o, décadas después, la coronación de la reina de la Universidad de Puerto Rico. "Ya en los noventa y en el 2000, sobre todo en países como Venezuela y Brasil, la dinámica cambia y se empieza a hablar de la fabricación de reinas", comenta dando paso al debate en torno a de qué manera las reinas son productos culturales.

"Eso no pasa en el aire, hubo un momento en que la mujer comenzó a abrirse, a lucir trajes de baño en público y el cuerpo femenino adquiere un valor, y una vez pones ese valor económico sirve para apoyar productos y ese tipo de cosas... Ahora bien, la fecha de expiración de estas figuras es cada vez más corta", señala la académica cuyo comentario sintoniza con las lógicas del mercado actual donde todo dura poco y se reemplaza pronto.

Más allá del evidente circuito económico que rodea a los certámenes, ambos coinciden en que las reinas son además fenómenos culturales "que sirven como amortiguadores a grandes problemas sociales y de momento se convierten en esa manteca que nos une, ese factor aglutinador que borra las diferencias", como dice Álvarez Curbelo.

Aunque parezca exagerado, no lo es tanto. Durante años Puerto Rico se ha mantenido en diveros portales especializados en los circuitos mundiales de concursos de belleza como una potencia por el desempeño de sus candidatas en diversos eventos. Potencia y Puerto Rico son dos palabras que pocas veces vemos juntas.

"El nombre del país circula, adquirimos cierta visibilidad y tiene que ver con la autoestima del país, se piensa incluso que puede ayudar a disminuir los estereotipos que existen sobre los puertorriqueños", analiza Avilés, quien es profesor en Arizona State University.

"Esta relación colonial nos hace pensar que somos menos y tenemos esa obsesión de probarnos, por eso vemos siempre en los discursos de las reinas y los deportistas eso de que somos una isla pequeña pero grande en corazón", añade.

Hoy día, como los tiempos, los concursos han evolucionado. Atrás quedaron las narrativas de la Cenicienta que vimos en reinas como Dayanara, para dar paso a figuras como la actual reina Bodine Koehler cuya ascendencia dominicana y holandesa ha insertado en la representatividad de la boricua el elemento transnacional y multicultural.

Quizás hay menos cuentos de hadas y más espectáculo, pero lo que sí prevalece es que en este rito anual –ya sea desde adentro o desde afuera– hay señas muy claras de la puertorriqueñidad contemporánea. Esta, es una isla de reinas.

Publicado en la edición del
26 de agosto de 2012 de *El Nuevo Día*